초등영어
교육부 지정
필수 단어 **800** 2018년도 적용 개정교과서

필수 단어들이 많이 달라졌○
꼭 잊지 말고 확인하세요!!!

KB101819

✏ 외운 단어는 ☑ 표시하세요

	A		
001	**a**	하나의	☐
002	**A.M.**	오전	☐
003	**about**	~에 대하여	☐
004	**above**	위에	☐
005	**academy**	아카데미, 학술원	☐
006	**accent**	억양	☐
007	**accident**	사고, 교통사고	☐
008	**across**	가로질러서	☐
009	**act**	행동; 행동하다	☐
010	**add**	더하다	☐
011	**address**	주소	☐
012	**adult**	성인	☐
013	**adventure**	모험	☐
014	**advise**	조언하다, 권하다	☐
015	**afraid**	두려운, 무서워하여	☐
016	**after**	~후에, ~뒤에	☐
017	**afternoon**	오후	☐
018	**again**	다시, 또	☐
019	**against**	반대로	☐
020	**age**	나이	☐
021	**ago**	~전에, 지난	☐
022	**agree**	동의하다, 합의하다	☐
023	**ahead**	앞서, 앞에	☐
024	**air**	공기, 대기	☐
025	**airline**	항공사	☐

026	**airplane**	비행기, 항공기	☐
027	**airport**	공항	☐
028	**all**	모든, 모두	☐
029	**almost**	거의, 대부분	☐
030	**alone**	혼자, 홀로	☐
031	**along**	~을 따라서	☐
032	**aloud**	큰 소리로	☐
033	**already**	이미, 벌써	☐
034	**alright**	좋아	☐
035	**also**	또한, 역시	☐
036	**always**	항상, 언제나	☐
037	**and**	그리고	☐
038	**angel**	천사	☐
039	**anger**	분노, 화	☐
040	**animal**	동물, 짐승	☐
041	**another**	다른, 또	☐
042	**answer**	대답; 답하다	☐
043	**ant**	개미	☐
044	**any**	어떤	☐
045	**apple**	사과	☐
046	**area**	지역	☐
047	**arm**	팔	☐
048	**around**	주변에, 주위에	☐
049	**arrive**	도착하다	☐
050	**art**	예술, 미술	☐
051	**as**	~처럼, ~으로서	☐

168	**child**	아이, 아동	☐	198	**contest**	대회	☐
169	**choose**	선택하다, 고르다	☐	199	**control**	제어하다, 통제하다	☐
170	**church**	교회, 성당	☐	200	**cook**	요리하다; 요리사	☐
171	**cinema**	영화관, 영화	☐	201	**cookie**	쿠키, 과자	☐
172	**circle**	원	☐	202	**cool**	멋진, 서늘한	☐
173	**city**	도시	☐	203	**copy**	복사하다; 사본	☐
174	**class**	수업, 강의	☐	204	**corner**	구석, 모퉁이	☐
175	**classroom**	교실	☐	205	**cost**	비용; (금액이) 들다	☐
176	**clean**	깨끗한; 청소하다	☐	206	**cotton**	면, 목화	☐
177	**clear**	분명한	☐	207	**could**	~할 수 있었다, ~할 수 있을 것이다	☐
178	**clerk**	직원, 점원	☐	208	**country**	나라, 국가	☐
179	**clever**	영리한, 똑똑한	☐	209	**countryside**	시골, 지방	☐
180	**climb**	오르다, 등반하다	☐	210	**couple**	부부, 커플	☐
181	**clip**	동영상, 클립	☐	211	**cousin**	사촌, 친척	☐
182	**clock**	시계, 시간	☐	212	**cover**	덮다	☐
183	**close**	가까운; 닫다	☐	213	**cow**	소, 젖소	☐
184	**cloth**	천, 옷감	☐	214	**crazy**	미쳐있는, 미친	☐
185	**cloud**	구름	☐	215	**cross**	건너다, 넘다	☐
186	**club**	동아리	☐	216	**crowd**	군중; 붐비다	☐
187	**coin**	동전	☐	217	**crown**	관, 왕관	☐
188	**cold**	추운, 차가워진	☐	218	**cry**	울다, 외치다	☐
189	**collect**	모으다, 수집하다	☐	219	**culture**	문화	☐
190	**college**	대학	☐	220	**curious**	궁금한, 알고 싶은	☐
191	**color**	색, 색깔	☐	221	**curtain**	커튼, 막	☐
192	**come**	오다, 되다	☐	222	**customer**	고객, 소비자	☐
193	**comedy**	코미디, 희극	☐	223	**cut**	삭감하다, 자르다	☐
194	**company**	회사	☐	224	**cute**	귀여운, 사랑스러운	☐
195	**concert**	콘서트, 공연	☐	225	**cycle**	주기, 사이클	☐
196	**condition**	조건, 상태	☐		**D**		
197	**congratulate**	축하하다, 경축하다	☐	226	**dad**	아빠	☐

109	**bone**	뼈	☐
110	**book**	책	☐
111	**boot**	부츠	☐
112	**borrow**	빌리다, 대여하다	☐
113	**boss**	상사, 지도자	☐
114	**both**	둘 모두	☐
115	**bottle**	병	☐
116	**bottom**	바닥, 아래	☐
117	**bowl**	그릇	☐
118	**boy**	소년	☐
119	**brain**	뇌, 두뇌	☐
120	**brake**	브레이크, 제동	☐
121	**branch**	가지	☐
122	**brand**	브랜드, 상표	☐
123	**brave**	용감한	☐
124	**bread**	빵	☐
125	**break**	휴식; 깨다	☐
126	**breakfast**	아침식사	☐
127	**bridge**	다리	☐
128	**bright**	밝은, 영리한	☐
129	**bring**	가져오다	☐
130	**brother**	형제	☐
131	**brown**	갈색	☐
132	**brush**	닦다	☐
133	**bubble**	거품, 기포	☐
134	**bug**	벌레, 곤충	☐
135	**build**	건축하다, 만들다	☐
136	**burn**	타다	☐
137	**business**	기업, 사업	☐
138	**busy**	바쁜, 분주한	☐

139	**but**	하지만	☐
140	**button**	단추	☐
141	**buy**	사다	☐
142	**by**	~에 의하여	☐
		C	
143	**cage**	(동물)우리	☐
144	**calendar**	달력, 일정	☐
145	**call**	부르다, 전화하다	☐
146	**calm**	차분한	☐
147	**can**	할 수 있다	☐
148	**candy**	사탕	☐
149	**cap**	모자	☐
150	**captain**	선장, 주장	☐
151	**car**	자동차	☐
152	**care**	보살피다, 마음 쓰다	☐
153	**carrot**	당근	☐
154	**carry**	휴대하다, 나르다	☐
155	**cart**	수레	☐
156	**case**	경우	☐
157	**cash**	현금, 돈	☐
158	**castle**	성, 저택	☐
159	**cat**	고양이	☐
160	**catch**	잡다	☐
161	**certain**	특정한, 어떤	☐
162	**chain**	체인점, 사슬	☐
163	**chair**	의자	☐
164	**chance**	기회	☐
165	**change**	변화; 바꾸다	☐
166	**cheap**	싼, 저렴한	☐
167	**check**	확인하다, 점검하다	☐

052	**ask**	묻다, 요청하다	☐	080	**because**	~때문에	☐
053	**at**	~때에(시간), ~에서(장소)	☐	081	**become**	~이 되다	☐
054	**aunt**	이모, 고모	☐	082	**bed**	침대	☐
055	**away**	떨어져, 멀리	☐	083	**bedroom**	침실	☐

<table>
<tr><td colspan="8" align="center">B</td></tr>
</table>

056	**baby**	아기	☐	084	**bee**	벌	☐
057	**back**	등, 뒤	☐	085	**beef**	쇠고기	☐
058	**background**	배경, 출신	☐	086	**before**	~전에, 이전에	☐
059	**bad**	나쁜, 좋지 않은	☐	087	**begin**	시작하다	☐
060	**bake**	굽다	☐	088	**behind**	뒤에	☐
061	**ball**	공	☐	089	**believe**	믿다, 생각하다	☐
062	**balloon**	풍선, 기구	☐	090	**bell**	종	☐
063	**band**	악단	☐	091	**below**	아래에	☐
064	**bank**	은행	☐	092	**beside**	곁에	☐
065	**base**	기반, 기초	☐	093	**between**	사이에, ~간의	☐
066	**baseball**	야구	☐	094	**bicycle**	자전거	☐
067	**basic**	기본적인, 기초적인	☐	095	**big**	큰, 중요한	☐
068	**basket**	바구니	☐	096	**bill**	영수증, 지폐	☐
069	**basketball**	농구	☐	097	**bird**	새	☐
070	**bat**	박쥐	☐	098	**birth**	탄생, 출생	☐
071	**bath**	목욕	☐	099	**birthday**	생일	☐
072	**bathroom**	화장실, 욕실	☐	100	**bite**	물다	☐
073	**battery**	건전지	☐	101	**black**	검은	☐
074	**battle**	전투, 싸움	☐	102	**block**	차단	☐
075	**be**	~이다, 있다	☐	103	**blood**	혈액, 피	☐
076	**beach**	해변, 바닷가	☐	104	**blue**	파란, 푸른	☐
077	**bean**	콩, 열매	☐	105	**board**	게시판	☐
078	**bear**	곰	☐	106	**boat**	배	☐
079	**beauty**	아름다움, 미인	☐	107	**body**	몸, 신체	☐
				108	**bomb**	폭탄, 폭발물	☐

345	future	미래	☐

G			
346	garden	정원	☐
347	gate	문, 정문	☐
348	gentleman	신사	☐
349	gesture	몸짓	☐
350	get	받다, 얻다	☐
351	ghost	유령, 귀신	☐
352	giant	거대한	☐
353	gift	선물	☐
354	giraffe	기린	☐
355	girl	소녀	☐
356	give	주다, 전하다	☐
357	glad	기쁜, 좋은	☐
358	glass	유리, 안경	☐
359	glove	장갑	☐
360	glue	접착제; 붙이다	☐
361	go	가다	☐
362	goal	목표, 골	☐
363	god	신, 하느님	☐
364	gold	금, 금메달	☐
365	good	좋은	☐
366	goodbye	작별인사, 안녕	☐
367	grandfather	할아버지, 조부	☐
368	grape	포도	☐
369	grass	풀, 잔디	☐
370	great	위대한, 큰	☐
371	green	녹색	☐
372	grey	회색	☐
373	ground	땅	☐

374	group	그룹, 단체	☐
375	grow	성장하다, 자라다	☐
376	guess	~라고 생각하다	☐
377	guide	안내(서); 안내하다	☐
378	guy	사람, 남자	☐

H			
379	habit	습관, 버릇	☐
380	hair	머리카락, 털	☐
381	hand	손	☐
382	handsome	잘 생긴, 멋진	☐
383	hang	걸다, 달다	☐
384	happy	행복한, 기쁜	☐
385	hard	열심히; 어려운	☐
386	hat	모자	☐
387	hate	싫어하다, 증오하다	☐
388	have	가지다, 얻다	☐
389	he	그는	☐
390	head	머리	☐
391	headache	두통, 골칫거리	☐
392	heart	심장, 마음	☐
393	heat	열; 가열하다	☐
394	heaven	천국, 하늘	☐
395	heavy	무거운	☐
396	helicopter	헬기	☐
397	hello	안녕하세요, 안부	☐
398	help	도움; 돕다	☐
399	here	여기, 이곳	☐
400	hero	영웅, 주인공	☐
401	high	높은	☐
402	hill	언덕, 산	☐

286	**exam**	시험, 조사	☐
287	**example**	예, 본보기	☐
288	**exercise**	운동; 훈련하다	☐
289	**exit**	출구; 나가다	☐
290	**eye**	눈, 시선	☐

F

291	**face**	얼굴	☐
292	**fact**	사실	☐
293	**factory**	공장, 회사	☐
294	**fail**	실패하다	☐
295	**fall**	가을; 떨어지다	☐
296	**family**	가족, 가문	☐
297	**famous**	유명한, 잘 알려진	☐
298	**fan**	부채, (배우 등의) 팬	☐
299	**fantastic**	환상적인, 멋진	☐
300	**far**	먼	☐
301	**farm**	농장, 양식장	☐
302	**fast**	빨리; 빠른	☐
303	**fat**	지방; 비만한	☐
304	**father**	아버지, 부친	☐
305	**favorite**	좋아하는	☐
306	**feel**	느끼다	☐
307	**fever**	열, 고열	☐
308	**field**	분야, 현장	☐
309	**fight**	싸우다	☐
310	**file**	파일, 서류철	☐
311	**fill**	채우다, 가득하다	☐
312	**find**	찾다, 발견하다	☐
313	**fine**	좋은	☐
314	**finger**	손가락	☐

315	**finish**	마치다, 끝나다	☐
316	**fire**	화재, 불	☐
317	**fish**	물고기, 어류	☐
318	**fix**	고치다, 고정하다	☐
319	**flag**	국기, 깃발	☐
320	**floor**	바닥, 층	☐
321	**flower**	꽃	☐
322	**fly**	날다, 비행하다	☐
323	**focus**	집중하다	☐
324	**fog**	안개	☐
325	**food**	음식, 식품	☐
326	**fool**	바보	☐
327	**foot**	발	☐
328	**football**	축구, 미식 축구	☐
329	**for**	~을 위하여, ~을 기념하여	☐
330	**forest**	숲, 산림	☐
331	**forever**	영원히	☐
332	**forget**	잊다, 망각하다	☐
333	**form**	형태; 형성하다	☐
334	**fox**	여우	☐
335	**free**	자유의, 무료의	☐
336	**fresh**	신선한, 살아있는	☐
337	**friend**	친구	☐
338	**frog**	개구리	☐
339	**from**	~에서, ~으로부터	☐
340	**front**	앞	☐
341	**fruit**	과일, 열매	☐
342	**fry**	튀기다	☐
343	**full**	가득한, 완전한	☐
344	**fun**	재미있는, 즐거운	☐

227	dance	춤, 무용; 춤추다	☐
228	danger	위험, 위기	☐
229	dark	어두운	☐
230	date	데이트, 날짜	☐
231	daughter	딸	☐
232	day	날, 하루	☐
233	dead	죽은	☐
234	death	죽음, 사망	☐
235	decide	결정하다, 하기로 하다	☐
236	deep	깊은	☐
237	delicious	맛있는, 맛 좋은	☐
238	dentist	치과의사	☐
239	design	설계하다; 디자인	☐
240	desk	책상, 데스크	☐
241	dialogue	대화	☐
242	diary	일기, 다이어리	☐
243	die	죽다, 사망하다	☐
244	different	다른, 여러 가지의	☐
245	difficult	어려운, 힘든	☐
246	dinner	저녁식사, 저녁	☐
247	dirty	더러운, 지저분한	☐
248	discuss	논의하다; 협의	☐
249	dish	접시	☐
250	divide	나누다, 분할하다	☐
251	do	하다	☐
252	doctor	의사, 박사	☐
253	dog	개, 애완견	☐
254	doll	인형	☐
255	dolphin	돌고래	☐
256	door	문	☐

257	double	두 배의, 이중의	☐
258	down	아래에	☐
259	draw	그리다, 끌다	☐
260	dream	꿈; 꿈꾸다	☐
261	drink	마시다; 음료	☐
262	drive	운전하다, 구동하다	☐
263	drop	하락; 떨어지다	☐
264	dry	건조한, 말린	☐
265	duck	오리	☐
266	during	~동안, ~중에도	☐
	E		
267	ear	귀	☐
268	early	초기의; 일찍이	☐
269	earth	지구, 땅	☐
270	east	동쪽	☐
271	easy	쉬운, 좋은	☐
272	eat	먹다	☐
273	egg	달걀, 알	☐
274	elementary	초등의, 초등학교의	☐
275	elephant	코끼리	☐
276	end	종료; 끝나다	☐
277	engine	엔진, 기관	☐
278	engineer	기술자, 공학자	☐
279	enjoy	즐기다, 누리다	☐
280	enough	충분한; 충분히	☐
281	enter	들어가다, 입장하다	☐
282	eraser	지우개	☐
283	error	오차, 오류	☐
284	evening	저녁, 저녁용의	☐
285	every	모든, ~마다	☐

403	history	역사	
404	hit	치다	
405	hobby	취미	
406	hold	잡다	
407	holiday	휴일, 명절	
408	home	집; 가정의	
409	homework	숙제, 과제	
410	honest	솔직한, 정직한	
411	honey	꿀	
412	hope	바라다, 희망하다	
413	horse	말	
414	hospital	병원	
415	hot	더운, 뜨거운	
416	hour	시간	
417	house	집, 주택	
418	how	어떻게, 얼마나	
419	however	그러나, 하지만	
420	human	인간, 사람	
421	humor	유머, 해학	
422	hundred	100	
423	hungry	배고픈	
424	hunt	사냥하다	
425	hurry	서두르다, 빨리 ~하다	
426	husband	남편	

I

427	I	나, 나는, 내가	
428	ice	얼음, 빙하	
429	idea	생각, 아이디어	
430	if	만약 ~라면	
431	important	중요한, 주요한	

432	in	~때에(시간), ~에(장소)	
433	inside	내부, 안쪽	
434	into	~안으로	
435	introduce	소개하다, 도입하다	
436	invite	초대하다, 초청하다	
437	it	그것	

J

438	jeans	청바지	
439	job	직무, 일	
440	join	참여하다, 가입하다	
441	joy	기쁨, 즐거움	
442	just	단지	

K

443	keep	유지하다, 계속하다	
444	key	열쇠	
445	kick	차다	
446	kid	아이, 어린이	
447	kill	죽이다, 살해하다	
448	kind	친절한; 종류	
449	king	왕	
450	kitchen	부엌, 주방	
451	knife	칼	
452	know	알다, 인식하다	

L

453	lady	여성, 부인	
454	lake	호수	
455	land	땅, 토지	
456	large	큰, 대규모의	
457	last	지난, 마지막의	
458	late	말기의, 늦은	

517	**nation**	국가, 나라	☐	546	**one**	하나	☐
518	**nature**	자연	☐	547	**only**	유일하게	☐
519	**near**	근처	☐	548	**open**	열다, 개방하다	☐
520	**neck**	목	☐	549	**or**	또는	☐
521	**need**	필요하다	☐	550	**out**	밖에	☐
522	**never**	결코, 절대	☐	551	**over**	~이상	☐
523	**new**	새로운	☐		**P**		
524	**newspaper**	신문	☐	552	**P.M.**	오후	☐
525	**next**	다음의, 이후의	☐	553	**paint**	그리다, 칠하다	☐
526	**nice**	멋진, 좋은	☐	554	**palace**	궁전, 왕실	☐
527	**night**	밤, 저녁	☐	555	**pants**	바지	☐
528	**no**	없다, 아니다	☐	556	**paper**	종이	☐
529	**noon**	정오	☐	557	**parent**	부모, 학부모	☐
530	**north**	북, 북쪽	☐	558	**park**	공원	☐
531	**nose**	코, 후각	☐	559	**part**	부분, 일부	☐
532	**not**	않다, 아니다	☐	560	**pass**	통과하다, 지나가다	☐
533	**note**	메모, 쪽지	☐	561	**pay**	지불하다	☐
534	**nothing**	아무 것도 없음	☐	562	**peace**	평화, 화해	☐
535	**now**	지금, 이제	☐	563	**pear**	배	☐
536	**number**	수, 다수	☐	564	**pencil**	연필	☐
537	**nurse**	간호사	☐	565	**people**	사람들	☐
	O			566	**pick**	선택하다, 고르다	☐
538	**ocean**	바다, 해양	☐	567	**picnic**	소풍	☐
539	**of**	~의, ~으로부터	☐	568	**picture**	사진, 그림	☐
540	**off**	떨어져	☐	569	**pig**	돼지	☐
541	**office**	사무소, 회사	☐	570	**pink**	분홍색	☐
542	**often**	종종, 자주	☐	571	**place**	장소	☐
543	**oil**	석유, 기름	☐	572	**plan**	계획; 계획하다	☐
544	**old**	나이든, 오래된	☐	573	**play**	놀다, ~하다	☐
545	**on**	~때에(시간), ~위에(장소)	☐	574	**please**	제발, 부디	☐

575	**pocket**	주머니, 호주머니	☐	603	**restaurant**	식당	☐
576	**point**	요점	☐	604	**restroom**	화장실	☐
577	**police**	경찰	☐	605	**return**	돌아오다, 복귀하다	☐
578	**poor**	가난한, 빈곤한	☐	606	**rich**	부자의, 부유한	☐
579	**potato**	감자	☐	607	**right**	권리	☐
580	**power**	힘	☐	608	**ring**	반지	☐
581	**present**	현재	☐	609	**river**	강, 하천	☐
582	**pretty**	예쁜	☐	610	**road**	도로, 길	☐
583	**prince**	왕자	☐	611	**rock**	바위	☐
584	**print**	인쇄하다	☐	612	**roof**	지붕, 옥상	☐
585	**prize**	상, 상금	☐	613	**room**	방	☐
586	**problem**	문제, 과제	☐	614	**run**	달리다	☐
587	**puppy**	강아지	☐		**S**		
588	**push**	밀다	☐	615	**sad**	슬픈, 안타까운	☐
589	**put**	넣다, 두다	☐	616	**safe**	안전한, 무사한	☐
590	**puzzle**	퍼즐, 수수께끼	☐	617	**sale**	판매, 할인 판매	☐
	Q			618	**salt**	소금	☐
591	**queen**	여왕	☐	619	**same**	같은, 똑같은	☐
592	**question**	질문, 문제	☐	620	**sand**	모래	☐
593	**quick**	빠른; 빨리	☐	621	**save**	구하다, 절약하다	☐
594	**quiet**	조용히, 고요한	☐	622	**say**	말하다	☐
	R			623	**school**	학교	☐
595	**rabbit**	토끼	☐	624	**science**	과학	☐
596	**race**	경주, 경기	☐	625	**scissors**	가위	☐
597	**rain**	비; 비가 오다	☐	626	**score**	점수	☐
598	**rainbow**	무지개	☐	627	**sea**	바다	☐
599	**read**	읽다, 독서하다	☐	628	**season**	계절	☐
600	**ready**	준비된	☐	629	**see**	보다	☐
601	**red**	빨간, 붉은	☐	630	**sell**	팔다, 판매하다	☐
602	**remember**	기억하다	☐	631	**send**	보내다, 전하다	☐

632	**she**	그녀, 그 여자	☐
633	**ship**	선박, 배	☐
634	**shock**	충격; 놀라게 하다	☐
635	**shoe**	신발	☐
636	**shop**	가게	☐
637	**short**	짧은, 단기의	☐
638	**should**	~해야 한다	☐
639	**show**	보여주다	☐
640	**shy**	수줍은, 부끄러운	☐
641	**sick**	아픈, 병든	☐
642	**side**	측면, 면	☐
643	**sing**	노래하다	☐
644	**sister**	여동생, 자매	☐
645	**sit**	앉다	☐
646	**size**	크기	☐
647	**skin**	피부, 껍질	☐
648	**skirt**	치마	☐
649	**sky**	하늘, 상공	☐
650	**sleep**	자다	☐
651	**slow**	느린	☐
652	**small**	작은, 소규모의	☐
653	**smart**	똑똑한	☐
654	**smell**	냄새; 냄새를 맡다	☐
655	**smile**	미소; 웃다	☐
656	**snow**	눈; 눈이 내리다	☐
657	**so**	그래서, 그렇다면	☐
658	**soccer**	축구	☐
659	**sock**	양말	☐
660	**soft**	부드러운	☐
661	**some**	일부, 몇	☐

662	**son**	아들, 자식	☐
663	**song**	노래, 곡	☐
664	**sorry**	미안한, 죄송한	☐
665	**sound**	소리; 들리다	☐
666	**sour**	신맛이 나는	☐
667	**south**	남, 남쪽	☐
668	**space**	공간, 우주	☐
669	**speak**	말하다	☐
670	**speed**	속도	☐
671	**spoon**	숟가락	☐
672	**stand**	세우다, 서다	☐
673	**start**	시작하다; 시작	☐
674	**stay**	머무르다, 유지하다	☐
675	**stone**	돌	☐
676	**stop**	멈추다, 중단하다	☐
677	**store**	가게	☐
678	**story**	이야기, 소설	☐
679	**strawberry**	딸기	☐
680	**street**	거리, 길	☐
681	**stress**	스트레스, 긴장; 강조하다	☐
682	**strong**	강한	☐
683	**student**	학생	☐
684	**study**	공부하다	☐
685	**subway**	지하철	☐
686	**sugar**	설탕, 당분	☐
687	**sun**	태양, 해	☐
688	**supper**	만찬, 저녁 식사	☐
689	**swim**	수영하다	☐
		T	
690	**table**	탁자	☐

459	lazy	게으른, 나태한	☐	488	map	지도	☐
460	leaf	잎, 나뭇잎	☐	489	marry	결혼하다, 혼인하다	☐
461	learn	배우다, 공부하다	☐	490	mathematics	수학, 수리	☐
462	left	왼쪽	☐	491	may	~일 수 있다	☐
463	leg	다리	☐	492	meat	고기, 육류	☐
464	lesson	교훈, 수업	☐	493	meet	만나다	☐
465	letter	편지, 글자	☐	494	memory	기억, 메모리	☐
466	library	도서관, 서재	☐	495	middle	중앙의, 중간의	☐
467	lie	거짓말; 눕다	☐	496	might	~일지도 모른다	☐
468	light	빛	☐	497	milk	우유	☐
469	like	~같은; 좋아하다	☐	498	mind	마음, 생각	☐
470	line	선	☐	499	mirror	거울	☐
471	lion	사자	☐	500	miss	놓치다, 그리워하다	☐
472	lip	입술	☐	501	money	돈	☐
473	listen	듣다, 귀를 기울이다	☐	502	monkey	원숭이	☐
474	little	작은, 조금	☐	503	month	개월	☐
475	live	살다, 생활하다	☐	504	moon	달	☐
476	living room	거실	☐	505	morning	아침, 오전	☐
477	long	긴, 오래	☐	506	mother	어머니	☐
478	look	보다, 찾다	☐	507	mountain	산	☐
479	love	사랑하다, 좋아하다	☐	508	mouse	쥐	☐
480	low	낮은	☐	509	mouth	입	☐
481	luck	운, 행운	☐	510	move	움직이다, 이동하다	☐
482	lunch	점심	☐	511	movie	영화	☐
	M			512	much	많은	☐
483	mad	화난, 미친	☐	513	museum	박물관	☐
484	mail	우편, 메일	☐	514	music	음악, 노래	☐
485	make	만들다	☐	515	must	~해야 한다	☐
486	man	남자, 사람	☐		**N**		
487	many	많은, 여러	☐	516	name	이름, 명칭	☐

얼만큼 외웠니?

초 　학년 (　)반 번호(　)

학생 이름 :

번호	통과	미통과
1-50	☐	☐
50-100	☐	☐
101-150	☐	☐
151-200	☐	☐
201-250	☐	☐
251-300	☐	☐
301-350	☐	☐
351-400	☐	☐
401-450	☐	☐
451-500	☐	☐
501-550	☐	☐
551-600	☐	☐
601-650	☐	☐
651-700	☐	☐
701-750	☐	☐
751-800	☐	☐

W

749	wait	기다리다	☐
750	wake	깨다	☐
751	walk	걷다	☐
752	wall	벽, 벽면	☐
753	want	원하다	☐
754	war	전쟁	☐
755	warm	따뜻한, 온난한	☐
756	wash	씻다, 세탁하다	☐
757	watch	보다, 관람하다	☐
758	water	물, 바다	☐
759	watermelon	수박	☐
760	way	방법, 방식	☐
761	we	우리	☐
762	wear	입다, 착용하다	☐
763	weather	날씨, 기상	☐
764	wedding	결혼	☐
765	week	주, 일주일	☐
766	weekend	주말	☐
767	weight	체중, 무게	☐
768	welcome	환영하다, 맞이하다	☐
769	well	잘	☐
770	west	서부, 서양	☐
771	wet	젖은, 습한	☐
772	what	무엇	☐
773	when	언제	☐
774	where	어디	☐
775	white	하얀	☐
776	who	누구	☐
777	why	왜	☐
778	wife	아내, 부인	☐
779	will	~할 것이다	☐
780	win	우승하다, 이기다	☐
781	wind	바람, 풍력	☐
782	window	창문, 창	☐
783	wish	바라다; 소원	☐
784	with	~와 함께	☐
785	woman	여성, 여자	☐
786	wood	목재, 나무	☐
787	word	단어, 말	☐
788	work	일하다	☐
789	world	세계, 세상	☐
790	worry	걱정하다, 우려하다	☐
791	write	쓰다, 적다	☐
792	wrong	잘못된, 틀린	☐

Y

793	year	연도, 해, 나이	☐
794	yellow	노란색	☐
795	yes	그렇습니다, 네	☐
796	yesterday	어제	☐
797	you	여러분, 당신	☐
798	young	젊은, 어린	☐

Z

799	zebra	얼룩말	☐
800	zoo	동물원	☐

691	tail	꼬리	☐
692	take	(시간이) 걸리다, 가지다	☐
693	talk	말하다	☐
694	tall	키가 큰	☐
695	tape	테이프, 테이프 끈(띠)	☐
696	taste	맛보다	☐
697	teach	가르치다, 알려주다	☐
698	teen	10대의, 청소년	☐
699	telephone	전화	☐
700	tell	말하다, 이야기하다	☐
701	test	시험, 실험	☐
702	textbook	교과서, 교재	☐
703	than	~보다	☐
704	thank	감사하다	☐
705	that	저것	☐
706	the	그	☐
707	there	그곳, 거기	☐
708	they	그들, 그것들	☐
709	thing	것, 일	☐
710	think	생각하다	☐
711	thirst	갈증, 갈망	☐
712	this	이것	☐
713	tiger	호랑이	☐
714	time	시간, 때	☐
715	to	~에, ~까지	☐
716	today	오늘날, 오늘	☐
717	together	함께, 같이	☐
718	tomorrow	내일, 미래	☐
719	tonight	오늘밤, 오늘 저녁	☐
720	too	또한	☐

721	tooth	치아, 이빨	☐
722	top	위쪽의, 최고인	☐
723	touch	만지다	☐
724	tour	관광	☐
725	tower	탑, 타워	☐
726	town	마을, 도시	☐
727	toy	장난감	☐
728	train	훈련하다, 교육하다	☐
729	travel	여행; 여행하다	☐
730	tree	나무	☐
731	triangle	삼각형, 삼각지	☐
732	trip	여행	☐
733	true	사실, 진정한	☐
734	try	노력하다, 해보다	☐
735	turn	되다, 돌리다	☐
736	twice	두 번, 두 배	☐
737	type	유형, 종류	☐

U			
738	ugly	추한, 불쾌한	☐
739	umbrella	우산	☐
740	uncle	삼촌, 아저씨	☐
741	under	아래의, ~밑에	☐
742	understand	이해하다, 알다	☐
743	up	~위에	☐
744	use	이용하다, 사용하다	☐

V			
745	vegetable	야채, 식물	☐
746	very	매우, 아주	☐
747	visit	방문하다	☐
748	voice	목소리, 음성	☐

MEMO

초등 영문법, 쓸 수 있어야 진짜 문법이다!

문법이 쓰기다

기본
1

초등 영문법, 쓸 수 있어야 진짜 문법이다!
GRAMMAR 을 WRITING

**"자꾸 쓰고writing 싶어지고
저절로 써지는writing 문법을 알려 드립니다!!"**

규칙을 외워서 문제를 풀고 규칙 적용의 오류를 찾아내는 식의 문법 학습은 '공부를 위한 공부'에 그칠 가능성이 큽니다. 영어를 제 2언어로서 유창하게 사용할 수 있게 하는 것은 물론, 영어 학습과 동시에 종합적 사고력과 창의력을 기를 수 있게 하기 위해서는, **'쓰기'를 통해 문법 지식을 적극적으로 응용하도록 훈련**을 해야 합니다.

**"스스로 쓸writing 수 있고
저절로 쓰고writing 싶어지는 구성이다!!"**

스스로 쓰고 싶어지는 초등 영문법 『문법이 쓰기다』는 초등 영어 전 과정에서 다루는 문법 내용을 중심으로 묶어 **일일 학습만**으로 **쉽게 소화할 수 있게 쪼개어 설명**합니다. 흥미로운 문법 규칙을 익힌 뒤에는 이 지식을 바탕으로 수수께끼를 풀 듯 문장 쓰기 연습을 시작합니다. 이 단계까지 마치면 자유로운 쓰기로 문법을 확장 응용할 수 있게 되며, 그 과정에서 영어에 대한 자신감이 절로 높아집니다.

1 구성원리가 다릅니다. 문장을 조립할 수 있는 문법 퍼즐식 구성으로, 문법 규칙이 모이고 더해져 쓰기로 이어지는 과정을 목차와 학습 방법으로 그대로 반영했습니다.

품사	규칙	문장구성
특성은 무엇일까?	**어떻게, 왜 변할까?**	**어떻게 문장으로 만들어질까?**
품사의 특성에 따라 어떻게 쓰고 활용하는지 알기	문장을 이루기 위한 규칙에 따른 변화 알기	특성과 규칙을 통해 문장의 기본틀 익히기
• **명사**: 사람과 사물의 이름 • **대명사**: 이름을 대신해 쓰는 말 • **동사**: 동작을 지시하는 말 • **형용사**: 형태를 묘사하는 말 • **부사**: 동사, 형용사를 꾸미는 말 • **전치사**: 명사 앞의 도움말	• 주어에 따른 변화규칙 • 수에 따른 변화규칙 • 격에 따른 변화규칙 • 시제에 따른 변화규칙 • 의미에 따른 변화규칙 • 문장 종류에 따른 변화규칙	• be동사 중심으로 구성 • 일반동사 중심으로 구성 • 명사, 대명사 위치에 따라 • 형용사, 부사 위치에 따라 • 조동사 위치에 따라 • 의문사, 조동사에 따라

2 매일 3단계 습관 만들기 훈련입니다. 쓰기로 문법Grammar 을 익히고, 깨친 문법으로 유창하게 쓰는 [매일매일 스스로 공부습관]을 들일 수 있습니다.

Step **1** 변화규칙 익히기	*Step* **2** 써보면서 깨치기	*Step* **3** 문장쓰기
문법규칙 확인 문장을 쓰기 위한 변화규칙을 배우기 때문에 문법을 제대로 배우게 됩니다.	**문법+쓰기** 골라 쓰고, 고쳐 쓰며, 바꿔 쓰고 배열하고, 전체 문장을 써보면 어느새 문법이 내 것이 됩니다.	**한 줄 문장쓰기** 변화규칙과 문장의 특성이 포함된 대표문장을 보고, 뜻에 맞는 한 줄 문장을 정확하게 스스로 쓸 수 있습니다.

매일매일 코스

Step 0 개념과 규칙을 알면 저절로

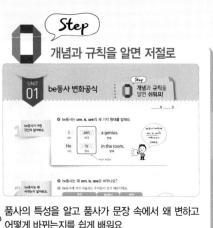

품사의 특성을 알고 품사가 문장 속에서 왜 변하고 어떻게 바뀌는지를 쉽게 배워요.

Step 1 골라 써보면 문법이 저절로

맞는 것을 고르거나 빈칸을 채우는 문제로 변화규칙과 문장규칙의 기초를 재확인하게 구성되었어요.

Step 2 비교해 보면 문법이 저절로

두 문장의 의미나 형태를 비교하여 문법 규칙의 쓰임을 명확히 알 수 있어요.

3일째는 실전 TEST와 문장쓰기로 마무리해요!

실력향상 실전 TEST

서술형 대비 문장쓰기 워크북

학교시험문제로 기초 문법을 점검하고 서술형 문제로 실력을 높여봐요.

Step 3 전체를 써보면 문장이 저절로

1 I is a student. → I am a student.

2 They is my friends. →

3 It are at the park. →

4 You is a genius. →

단어를 배열해 문장을 완성하거나 주어진 단어를 이용해 문장 전체를 써보는 writing 훈련이에요.

하루도 빠짐없이 이 길을 따라가다 보면, 어느새 초등 영문법 박사, 영어 글쓰기 왕이 되어 있을 거예요!

1 집중 코스

Unit 1 + Unit 2

품사의 개념과 품사가 문장 속에서 왜 변하고, 어떻게 변하는지에 대한
규칙을 익히고 매일매일 부담 없이 연습하면서 문법의 감을 다지는 코스입니다.

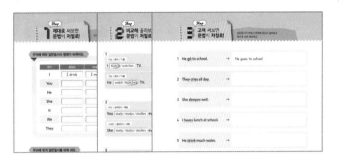

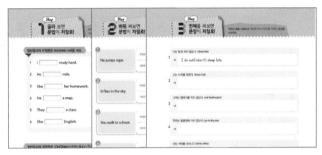

2 집중 코스

Unit 3 + 실력향상 실전 TEST + 워크북

문장 구조의 기초를 소개하고 매일매일 연습을 통해 문장 쓰기에도 익숙해지도록 합니다.
워크북으로 영어 문장쓰기의 재미를 깨치고, 실전 TEST의 서술형 문제로 학교시험에도
대비하세요.

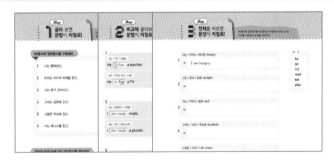

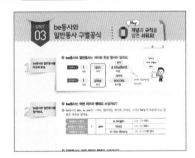

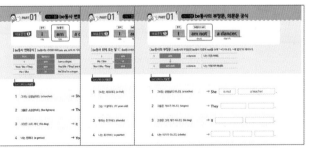

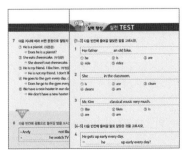

차례

초등 영문법, 쓸 수 있어야 진짜 문법이다!

문법이 쓰기다 기본 1

문법이 쓰기다 ^{기본}2

16일만에 완성하기

		단원		학습일
1일차	Part 1 be동사	Unit 1	be동사 변화 공식	____월 ____일
		Unit 2		
2일차		Unit 3	be동사 문장 공식	____월 ____일
		워크북		
3일차	Part 2 일반동사	Unit 1	일반동사 변화 공식	____월 ____일
		Unit 2		
4일차		Unit 3	일반동사 문장 공식	____월 ____일
		워크북		
5일차	Part 3 명사	Unit 1	명사 공식	____월 ____일
		Unit 2		
6일차		Unit 3	명사 문장 공식	____월 ____일
		워크북		
7일차	Part 4 대명사	Unit 1	대명사 변화 공식	____월 ____일
		Unit 2		
8일차		Unit 3	대명사 문장 공식	____월 ____일
		워크북		
9일차	Part 5 형용사, 부사	Unit 1	형용사, 부사 공식	____월 ____일
		Unit 2		
10일차		Unit 3	형용사, 부사 문장 공식	____월 ____일
		워크북		
11일차	Part 6 조동사	Unit 1	조동사 공식	____월 ____일
		Unit 2		
12일차		Unit 3	조동사 문장 공식	____월 ____일
		워크북		
13일차	Part 7 의문사	Unit 1	의문사 공식	____월 ____일
		Unit 2		
14일차		Unit 3	의문사 문장 공식	____월 ____일
		워크북		
15일차	Part 8 전치사	Unit 1	전치사 공식	____월 ____일
		Unit 2		
16일차		Unit 3	전치사 문장 공식	____월 ____일
		워크북		

8일만에 완성하기

1일차	2일차	3일차	4일차
Part 1 be동사	Part 2 일반동사	Part 3 명사	Part 4 대명사

5일차	6일차	7일차	8일차
Part 5 형용사, 부사	Part 6 조동사	Part 7 의문사	Part 8 전치사

be동사

Unit 1   우리는 친구야!

주어에 따른 be동사

난 고양이, 쟤는 금붕어.
바로 코앞에 있는데도 같이 못 놀다니,
정말 슬픈 걸.

I am a cat.
He is a goldfish.

✚ 단어 미리 Check Up

genius	✔ 천재	☐ 학생
classmate	☐ 반 친구	☐ 수업
pilot	☐ 비행기	☐ 조종사
frog	☐ 파리	☐ 개구리
clock	☐ 시간	☐ 시계
cousin	☐ 형제	☐ 사촌

Unit 2 저희 집이에요.

be동사 + 장소

제 집이에요.
저만의 아늑한 공간이죠.

I *am at home*.

➕ 단어 미리 Check Up

soccer team	☐ 축구팀	☐ 야구팀
at school	☐ 박물관에	☐ 학교에
cook	☐ 요리사	☐ 음식
airport	☐ 항공사	☐ 공항
park	☐ 공원	☐ 근처
kitchen	☐ 부엌	☐ 침실

Unit 3 어라, 우리 엄마가 아니네?

be동사의 부정문, 의문문

어라, 우리 엄마가 아니네?
나는 강아지가 아닌데.

This *is not* my mom.
I'*m not* a dog.

➕ 단어 미리 Check Up

classroom	☐ 수업	☐ 교실
swimmer	☐ 수영	☐ 수영 선수
farmer	☐ 농부	☐ 농장
artist	☐ 예술가	☐ 음악가
living room	☐ 부엌	☐ 거실
playground	☐ 농구장	☐ 운동장

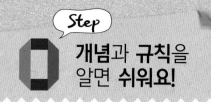
_____월 _____일

1 be동사가 어떤
것인지 알아봐요.

✏️ be동사는 **am**, **are**, **is**의 세 가지 형태를 말해요.

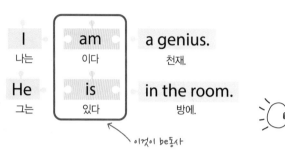

I	am	a genius.
나는	이다	천재.
He	is	in the room.
그는	있다	방에.

↖ 이것이 be동사

be동사가 어떨때
am, is, are로
바꿔 쓰는지
살펴봐요.

2 be동사는 왜
바뀌는지 알아봐요.

✏️ be동사는 왜 **am**, **are**, **is**로 바뀌나요?

💡 be동사에 각각 어울리는 주어들이 있기 때문이에요.

주어		be동사	
I	나는	**am** 있다	
You	너는		
We	우리는	**are** 있다	at the park.
They	그들은		공원에.
He	그는		
She	그녀는	**is** 있다	
It	그것은		

주어에 어울리는
be동사를
기억하세요.

*주어 자리에 인칭대명사는 사람(이름)이나 물건을 대신해요.

남자(이름)를 대신	John, a boy → he	여자(이름)를 대신	Jenny, a girl → she
동물/물건을 대신	a cat, a book → it	여러 사람, 물건을 대신	people, books → they

주어가 복수이면
be동사는 모두
are를 사용해요!

복수 주어 ➡ are

💡 〈주어+be동사〉는 줄여 쓸 수 있어요!

I'm a student.	**You're** at home.	**He's** a pianist.
나는 학생이다.	너는 집에 있다.	그는 피아니스트이다.

〈주어+be동사〉의 줄임말

I am → I'm	We are → We're	You are → You're	It is → It's
They are → They're	She is → She's	He is → He's	

1 골라 보면
문법이 저절로!

주어에 따라 be동사는 am, are, is로 바뀌어요.
그리고 be동사에 따라 주어를 예상할 수 있답니다.

주어에 맞게 be동사를 써야 해요.

be동사 고르기

		am	is
1	I [ ] a genius.	☑ am	☐ is
2	You [ ] a pilot.	☐ am	☐ are
3	It [ ] a frog.	☐ is	☐ are
4	They [ ] at school.	☐ is	☐ are
5	She [ ] at the mall.	☐ is	☐ are
6	He [ ] in the library.	☐ is	☐ are

be동사를 보면 주어를 알 수 있어요.

주어 고르기

1	[ ] am a writer.	☑ I	☐ She
2	[ ] is a singer.	☐ She	☐ They
3	[ ] are books.	☐ It	☐ They
4	[ ] is on the table.	☐ It	☐ We
5	[ ] are at home.	☐ We	☐ She
6	[ ] is in Korea.	☐ You	☐ She

11

1

나는 / 이다 / 학생.

I (am) / are a student.

너는 / 이다 / 학생.

You am / (are) a student.

2

그는 / 이다 / 선생님.

He is / are a teacher.

그녀는 / 이다 / 선생님.

She is / are a teacher.

3

그것은 / 이다 / 시계.

It is / are a clock.

그것들은 / 이다 / 시계들.

They is / are clocks.

4

우리는 / 이다 / 사촌.

We is / are cousins.

그들은 / 이다 / 사촌.

They is / are cousins.

5

그는 / 있다 / 나무 아래에.

He is / are under the tree.

그녀는 / 있다 / 나무 아래에.

She is / are under the tree.

→ be동사 다음에 장소가 나오면
'있다'라는 뜻이에요.

6

나는 / 있다 / 집에.

I am / is at home.

우리는 / 있다 / 집에.

We is / are at home.

7

그는 / 있다 / 방에.

He is / are in the room.

그들은 / 있다 / 방에.

They is / are in the room.

8

그녀는 / 있다 / 화장실에.

I / She is in the restroom.

우리는 / 있다 / 화장실에.

We / They are in the restroom.

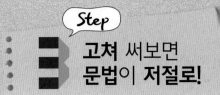
1 I is a student. → I am a student.

2 They is my friends. →

3 It are at the park. →

4 You is a genius. →

5 She am my sister. →

6 My brother are a soccer player. →

→ 한 명을 나타낼 경우 he, she의 be동사와 동일하게 써요.

7 We is classmates. →

8 They is at school. →

마무리 해석확인

① 나는 학생이다.　　② 그들은 나의 친구들이다.　　③ 그것은 공원에 있다.　　④ 당신은 천재이다.
⑤ 그녀는 나의 여동생이다.　⑥ 나의 남동생은 축구 선수다.　⑦ 우리는 반 친구이다.　⑧ 그들은 학교에 있다.

13

be동사의 2가지 문장공식

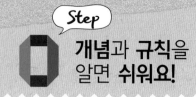

_____월_____일

1 be동사의 2가지 의미를 알아봐요.

🔵 be동사는 '이다'와 '있다'라는 두 가지 의미로 쓰여요.

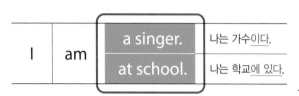

I	am	a singer.	나는 가수<u>이다</u>.
		at school.	나는 학교<u>에 있다</u>.

뒤에 오는 말에 따라 be동사의 의미가 달라져요.

2 be동사 다음에 오는 말을 알아봐요.

✏️ **be동사 다음에 오는 말들은 무엇일까요?**

💡 '나는 꼬맹이야.', '나는 요리사야.'처럼 be동사 다음에 이름이나 직업 등이 오면 '~이다'이고, '나는 운동장에 있어.'처럼 장소가 오면 '~에 있다'의 뜻이에요.

(1) 〈주어+be동사〉 다음에 직업, 나이, 이름, 성별 등을 쓰면 '~이다'라는 의미예요.

I 나는	**am** 이다	a singer. 가수.	You 너는	**are** 이다	a soccer player. 축구 선수.
He 그는	**is** 이다	a dancer. 무용수.	She 그녀는	**is** 이다	10 years old. 10살.

(2) 〈주어+be동사〉 다음에 장소나 소속이 오면 '~에 있다'라는 의미예요.

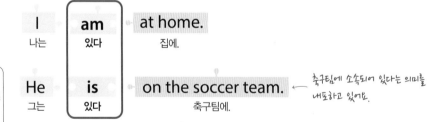

I 나는	**am** 있다	at home. 집에.
He 그는	**is** 있다	on the soccer team. 축구팀에.

축구팀에 소속되어 있다는 의미를 내포하고 있어요.

be동사 다음에 오는 말에 따라 의미를 두 가지로 다르게 해석하는구나!!
〈be동사＋직업, 나이, 이름〉: ~이다
〈be동사＋장소, 소속〉: ~에 있다

알아둬야 할 장소나 소속 표현

방에	→ in the room	학교에	→ at school
운동장에	→ on the playground	교실에	→ in the classroom
3학년에	→ in the 3rd grade	같은 반에	→ in the same class

be동사에는 두 가지 의미가 있어요.

be동사의 의미 고르기

1 I am a cook.　　　　　　　　　　　　　☑ 이다　　☐ 있다

2 They are teachers.　　　　　　　　　　☐ 이다　　☐ 있다

3 We are classmates.　　　　　　　　　　☐ 이다　　☐ 있다

4 He is in the classroom.　　　　　　　　☐ 이다　　☐ 있다

5 She is in the library.　　　　　　　　　☐ 이다　　☐ 있다

6 They are in the kitchen.　　　　　　　　☐ 이다　　☐ 있다

be동사 뒤에 오는 단어에 따라 의미가 달라져요.

be동사 뒤에 오는 말 고르기

1 그것은 / 있다 / 방에.
It is [　　　　　].　　　　☐ a room　　☑ in the room

2 그것은 / 이다 / 방.
It is [　　　　　].　　　　☐ a room　　☐ in the room

3 그것들은 / 이다 / 의자들.
They are [　　　　　].　　☐ chairs　　☐ on the chair

4 그것들은 / 있다 / 의자 위에.
They are [　　　　　].　　☐ chairs　　☐ on the chair

5 그는 / 이다 / 축구 선수.
He is [　　　　　].　　　☐ a soccer player　　☐ on the soccer team

6 그는 / 있다 / 축구팀에.
He is [　　　　　].　　　☐ a soccer player　　☐ on the soccer team

1

I am a painter.

나는 화가 _이다_ .

I am at the airport.

나는 공항 _에 있다_ .

2

You are a writer.

너는 작가 _____ .

You are on my team.

너는 우리팀 _____ .

3

We are doctors.

우리는 의사 _____ .

We are in London.

우리는 런던 _____ .

4

He is an actor.

그는 배우 _____ .

He is at the bus stop.

그는 버스 정류장 _____ .

5

She is a dancer.

그녀는 무용수 _____ .

She is in a car.

그녀는 차 _____ .

6

They are books.

그것들은 책들 _____ .

They are on the table.

그것들은 탁자 _____ .

→ 여기서 on은 '~위에'라는 뜻이에요.

7

It is a book.

그것은 책 _____ .

It is under the umbrella.

그것은 우산 _____ .

→ under는 '~아래에'라는 뜻이에요.

8

He is a professor.

그는 교수 _____ .

He is on an airplane.

그는 비행기 _____ .

Step

배열하여 써보면
문장이 **저절로!**

우리말에 맞게 주어진 단어들을 바르게 나열하여 문장을
써보세요. 그리고 be동사는 주어에 맞게 바꿔 쓰세요.

그는 축구 선수이다. (be, a soccer player, he)

1 → He is a soccer player.

그들은 우리 반 친구들이다. (be, my classmates, they)

2 →

그녀는 간호사이다. (be, a nurse, she)

3 →

나는 요리사이다. (be, I, a cook)

4 →

너는 11살이다. (be, 11 years old, you)

5 →

그들은 공원에 있다. (be, they, at the park)

6 →

우리는 도서관에 있다. (be, we, in the library)

7 →

그는 프랑스에 있다. (be, he, in France)

8 →

be동사의 부정문, 의문문 공식

_____월 _____일

1 먼저 be동사 문장 형태를 알아봐요.

✏ **be동사의 부정문과 의문문**의 형태는 다음과 같아요.

부정문 〉 I **am not** a student.
　　　　　나는　아니다　　　학생이.

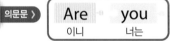

의문문 〉 **Are you** a student?
　　　　　이니 너는　　학생?

> 부정문과 의문문에서 not과 be동사의 위치에 주의하세요.

2 be동사의 부정문과 의문문을 알아봐요.

✏ **be동사의 부정문**은 be동사 다음에 not을 써요.

I	am	a dancer.	나는 무용수이다.
	am not		나는 무용수가 아니다.

They	are	in the library.	그들은 도서관에 있다.
	are not		그들은 도서관에 없다.

※ 〈be동사+not〉은 줄여 쓸 수 있어요. 단, am not은 잘 줄여 쓰지 않아요.

　　are not → aren't　　　　is not → isn't

✏ **be동사의 의문문**은 be동사와 주어의 위치를 바꾸고 마지막에 물음표(?)를 써요.

He　is　at home.
그는　있다　집에.

Is　he　at home?
있니　그는　집에?

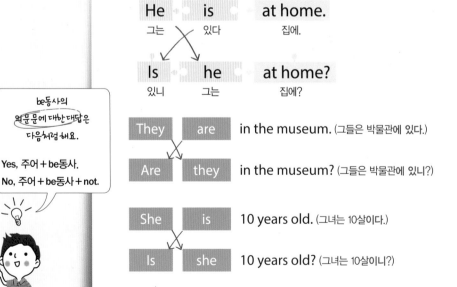

They　are　in the museum. (그들은 박물관에 있다.)

Are　they　in the museum? (그들은 박물관에 있니?)

She　is　10 years old. (그녀는 10살이다.)

Is　she　10 years old? (그녀는 10살이니?)

> be동사의 의문문에 대한 대답은 다음처럼 해요.
>
> Yes, 주어+be동사.
> No, 주어+be동사+not.

〈be동사+not〉은 '아니다, 없다'라는 부정문이에요.

be동사의 부정문 고르기

1 나는 아기가 아니다.

I [am / (am not)] a baby.

2 그들은 교실에 없다.

They [are / are not] in the classroom.

3 나는 요리사가 아니다.

I [am not / not am] a cook.

4 그들은 집에 없다.

They [are not / not are] at home.

5 그것은 알이 아니다.

It [is not / are not] an egg.

6 그들은 런던에 없다.

They [is not / are not] in London.

be동사의 의문문은 be동사를 맨 앞에 써요.

be동사의 의문문 고르기

1 그것은 장미이니?

[(Is it) / Are they] a rose?

2 그는 화가이니?

[Is she / Is he] a painter?

3 너는 예술가니?

[Are you / Are we] an artist?

4 그들은 수영 선수이니?

[Are you / Are they] swimmers?

5 그녀는 나무 아래에 있니?

[Is she / Is he] under the tree?

6 그것들은 의자 위에 있니?

[Is it / Are they] on the chair?

2 바꿔 써보면 문법이 저절로!

be동사의 문장을 부정문과 의문문으로 바꿔 써보세요.

①

I am a farmer.

부정문 ➡ I am not a farmer.

의문문 ➡ Am I a farmer?

②

We are chefs.

부정문 ➡

의문문 ➡

③

You are an artist.

부정문 ➡

의문문 ➡

④

She is at her desk.

부정문 ➡

의문문 ➡

⑤

He is in the 3rd grade.

부정문 ➡

의문문 ➡

➡ 학년을 나타낼 때는 〈in the + first, second ... + grade〉로 써요.

⑥

They are on the playground.

부정문 ➡

의문문 ➡

나는 / 아니다 / 요리사가. (a cook)

1 → **I am not a cook.**

그녀는 / 없다 / 학교에. (at school)

2 →

우리는 / 아니다 / 가족이. (a family)

3 →

그들은 / 아니다 / 같은 반이. (in the same class)

4 →

이니 / 그는 / 농부? (a farmer)

5 →

있니 / 그녀는 / 거실에? (in the living room)

6 →

인가요 / 당신들은 / 과학자들? (scientists)

7 →

있니 / 그들은 / 부엌에? (in the kitchen)

8 →

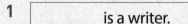

[1~2] 다음 빈칸에 들어갈 알맞은 말을 고르시오.

1

| _____ is a writer. |

① I   ② She   ③ You
④ We   ⑤ They

2

| Minsu _____ at home. |

① be   ② been   ③ is
④ are   ⑤ am

[3~4] 다음 빈칸에 들어갈 말로 짝지어진 것을 고르시오.

3

| • It _____ a spider.
• I _____ in London. |

① is — are   ② is — am   ③ is — is
④ am — are   ⑤ am — is

4

| • _____ is not a student.
• Are _____ in the kitchen? |

① He — she   ② I — you   ③ Jane — John
④ He — Jane   ⑤ She — you

[5~6] 다음 빈칸에 들어갈 말이 <u>다른</u> 것을 고르시오.

5 ① Jeremy _____ in Spain.
② That _____ my room now.
③ She _____ in New York.
④ It _____ Christmas.
⑤ They _____ engineers.

6 ① They _____ not on the table.
② _____ she and Kent dancers?
③ _____ they at school?
④ My mom _____ not at the park.
⑤ _____ you an English teacher?

[7~8] 다음 중 어법상 올바른 문장을 고르시오.

Note

7　① We is soccer players.　② I'm not a baby.
　　③ The cake are on the table.　④ Are your brother at home?
　　⑤ You and I am best friends.

8　① She not is an artist.　② Is he not a farmer.
　　③ They are not in the hall.　④ Is they your mom?
　　⑤ I not am a doctor.

서술형
문제

[9~11] 다음 지시에 따라 바꿔 쓰시오.

9 We are on the playground. (부정문) → _____

10 You are in the same school. (의문문) → _____

11 He is on the street. (부정문) → _____

12 다음 문장에서 틀린 부분을 찾아 바르게 고치시오.

The boys and girls not are middle school students.

_____ → _____

13 다음 우리말에 맞게 주어진 단어를 이용하여 문장을 쓰시오.

너희들은 그의 친구들이니? (his friends) → _____

14 다음 글에서 틀린 부분을 모두 찾아 바르게 고치시오.

Hi, I is Suji. She am 11 years old.
And I have a best friend, Jane.
She am 11 years old, too.

_____ → _____
_____ → _____
_____ → _____

일반동사

Unit 1   외출 준비 끝~!

주어에 따른 일반동사 변화

요즘 자외선이 피부의 적인 거 다 알지?
그래서 그 애는 외출할 때 늘 선글라스를 써.

She *goes* outside.
She *wears* sunglasses.

✚ 단어 미리 Check Up

watch	☑ 보다	☐ 하다
drink	☐ 먹다	☐ 마시다
wash	☐ 정리하다	☐ 씻다
study	☐ 공부하다	☐ 가르치다
buy	☐ 인사하다	☐ 사다
learn	☐ 배우다	☐ 뛰다

Unit 2 — 주름살이 고민이야~!

일반동사의 부정문, 의문문

흑흑...
나이 드는 것도 싫고,
얼굴에 주름살 느는 것도 싫어.
난 내 얼굴이 싫어.

I *don't like* my face!

🔆 단어 미리 Check Up

do homework	☐ 숙제를 하다	☐ 숙제가 있다
jump rope	☐ 점프하다	☐ 줄넘기하다
fly	☐ 날다	☐ 기다
sleep late	☐ 일찍 자다	☐ 늦게 자다
zoo	☐ 동물원	☐ 동물들
need	☐ 필요하다	☐ 필요하지 않다

숙제를 하다 / 줄넘기하다 / 날다 / 늦게 자다 / 동물원 / 필요하다

Unit 3 — 생일 케이크를 먹어~!

be동사와 일반동사 구별

파티는 너무 재미있어.
맘에 맞는 친구도 부르고,
맛있는 케이크도 잔뜩 먹어.

The party *is* fun.
We *have* a lot of cake.

🔆 단어 미리 Check Up

play soccer	☐ 축구를 하다	☐ 야구를 하다
go to the park	☐ 학교에 가다	☐ 공원에 가다
tired	☐ 피곤한	☐ 슬픈
cry at night	☐ 낮에 울다	☐ 밤에 울다
library	☐ 도서관	☐ 교실
hungry	☐ 피곤한	☐ 배고픈

축구를 하다 / 공원에 가다 / 피곤한 / 밤에 울다 / 도서관 / 배고픈

UNIT 01 일반동사 변화공식

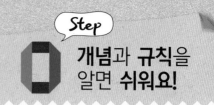

_____월 _____일

일반동사가 무엇인지 알아봐요.

- ❷ **일반동사**는 '가다, 마시다, 하다'처럼 동작이나 '사랑하다, 원하다'처럼 상태를 나타내는 말이에요.

I 나는 **drink** 마신다 milk. 우유를.

→ 이것이 일반동사

> 일반동사는 동작이나 상태를 나타내는 단어들이죠.

일반동사가 왜, 어떻게 바뀌는지 알아봐요.

- ❷ 일반동사는 왜 **drink → drinks**, **go → goes**처럼 바뀌나요?
- 💡 주어에 어울리는 일반동사 형태가 있기 때문이에요.

주어에 따른 일반동사의 형태						
I	you	we	they	he	she	it
drink				drink**s**		
watch				watch**es**		
eat				eat**s**		

He ~~like~~ / **likes** toys. (그는 장난감을 좋아한다.)

They **eat** / ~~eats~~ sandwiches. (그들은 샌드위치를 먹는다.)

- ❷ 일반동사는 **어떻게 바뀔까요?**
- 💡 주어가 **I, you, we, they**일 때 일반동사는 원래 형태로 써요.
- 💡 주어가 **he, she, it**일 때 일반동사는 다음 표처럼 변화해요.

> 일반동사란 be동사를 제외한 나머지 동사들을 말해요.
>
> He runs fast.
> 주어 일반동사

일반 동사	규칙	예
대부분의 동사	+-s	sees, feels, moves, loves, makes, learn**s**
-o, -s, -sh, -ch, -x	+-es	does, goes, wish**es**, watch**es**, touch**es**, fix**es**, kiss**es**
자음+y	y → i+-es	stud**ies**, tr**ies**, fl**ies**
모음+y	+-s	play**s**, buy**s**, say**s**, pay**s**
* 예외		have — **has**

I do my homework. → He does his homework.
We go to school. → She goes to school.
They have a dog. → Sumi has a dog.

주어에 따라 일반동사의 형태가 바뀌어요.

일반동사 형태 쓰기

주어	drink	make	want	see
I	I drink	I make	I want	I see
You				
He				
She				
It				
We				
They				

주어에 맞게 일반동사를 바꿔 써요.

일반동사 형태 쓰기

주어	do	go	fly	have
I	I do	I go	I fly	I have
You				
He				
She				
It				
We				
They				

1

나는 / 본다 / TV를.

I (watch) / watches TV.

그는 / 본다 / TV를.

He watch / (watches) TV.

2

우리는 / 사랑한다 / 그 책을.

We love / loves the book.

그들은 / 사랑한다 / 그 책을.

They love / loves the book.

3

너는 / 공부한다 / 매일.

You study / studys / studies every day.

그녀는 / 공부한다 / 매일.

She study / studys / studies every day.

4

그는 / 씻는다 / 자신의 손을.

He wash / washs / washes his hands.

그녀는 / 씻는다 / 자신의 손을.

She wash / washs / washes her hands.

5

우리는 / 간다 / 학교에.

We go / gos / goes to school.

그녀는 / 간다 / 학교에.

She go / gos / goes to school.

6

나는 / 먹는다 / 샌드위치를.

I has / have / haves sandwiches.

수지는 / 먹는다 / 샌드위치를.

Suji has / have / haves sandwiches.

7

그들은 / 산다 / 꽃을.

They buy / buys / buies flowers.

그 소녀는 / 산다 / 꽃을.

The girl buy / buys / buies flowers.

8

우리는 / 읽는다 / 만화책을.

We read / reads / reades comic books.

그는 / 읽는다 / 만화책을.

He read / reads / reades comic books.

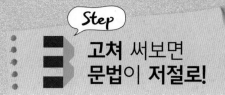
1 He go to school. → He goes to school.

2 They cries all day. →

3 She sleepes well. →

4 I haves lunch at school. →

5 He drink much water. →

6 She learn English. →

7 My brother live in Seoul. →

→사람 한 명은 he, she와
동일하게 생각해요.

8 It run fast. →

  마무리 **해석확인**

① 그는 학교에 간다.   ② 그들은 하루 종일 운다.   ③ 그녀는 잘 잔다.   ④ 나는 학교에서 점심을 먹는다.
⑤ 그는 물을 많이 마신다.   ⑥ 그녀는 영어를 배운다.   ⑦ 내 남동생은 서울에 산다.   ⑧ 그것은 빨리 달린다.

UNIT 02 일반동사의 부정문, 의문문 공식

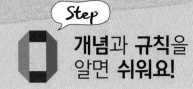

Step **0** 개념과 규칙을 알면 쉬워요!

1 일반동사의 문장 형태를 알아봐요.

⏺ 일반동사의 **부정문**, **의문문** 형태는 다음과 같아요.

| 부정문 ⟩ | He 그는 | doesn't drink 마시지 않는다 | milk. 우유를. |

| 의문문 ⟩ | Does | he 그는 | drink 마시니 | milk? 우유를? |

> 부정문, 의문문의 동사 형태에 주의해요.

2 일반동사의 부정문과 의문문을 알아봐요.

⏺ 일반동사의 **부정문**은 동사원형 앞에 **do not**이나 **does not**을 써요.

💡 주어가 I, you, we, they일 때 **do not**을 써요.
💡 주어가 he, she, it일 때 **does not**을 써요.

I, you, we, they가 주어일 때	he, she, it이 주어일 때
I watch TV.	He watches TV.
→ I do not watch TV. = I don't watch TV.	→ He does not (watches / watch) TV. = He doesn't (watches / watch) TV.

does not 다음에는 watches가 아닌 동사원형인 watch를 써요.

⏺ 일반동사의 **의문문**은 문장 앞에 **Do**나 **Does**를 써요.

💡 주어 앞에 **Do**나 **Does**를 쓰고, 주어 뒤에 동사를 써요.

I, you, we, they가 주어일 때	he, she, it이 주어일 때
They play tennis.	He plays tennis.
→ Do they play tennis?	→ Does he play tennis?

plays가 아니라 동사원형인 play를 써야 해요.

> 일반동사의 부정문, 의문문에서 주의할 것은 모두 동사원형을 써야 한다는 거예요.
>
> He doesn't (**listen** / listens) to me.

일반동사의 의문문에 대한 대답을 Yes나 No로 해요.

Do you like fruit? → Yes, I do. / No, I don't.
Do they(we) like fruit? → Yes, they(we) do. / No, they(we) don't.
Does he(she / it) like fruit? → Yes, he(she / it) does. / No, he(she / it) doesn't.

Step

1 골라 보면
문법이 저절로!

일반동사의 부정문은 do not이나 does not을 쓰고
의문문은 주어 앞에 Do나 Does를 써서 만들어요.

일반동사의 부정문은 do[does] not을 써요.

일반동사의 부정문 고르기

1 I [   ] study hard.

2 He [   ] milk.

3 She [   ] her homework.

4 He [   ] a map.

5 They [   ] a class.

6 She [   ] English.

- ☑ do not
- ☐ does not

- ☐ doesn't drink
- ☐ doesn't drinks

- ☐ doesn't do
- ☐ doesn't does

- ☐ don't need
- ☐ doesn't need

- ☐ don't have
- ☐ doesn't have

- ☐ doesn't speak
- ☐ doesn't speaks

일반동사의 의문문은 〈Do[Does]+주어+동사~?〉로 써요.

일반동사의 의문문 고르기

1 [   ] study hard?

2 [   ] drink milk?

3 [   ] do her homework?

4 [   ] need a map?

5 [   ] have a class?

6 [   ] speak English?

- ☑ Do you   ☐ Does you
- ☐ Do he   ☐ Does he
- ☐ Do she   ☐ Does she
- ☐ Do he   ☐ Does he
- ☐ Do they   ☐ Does they
- ☐ Do she   ☐ Does she

①

He jumps rope.

부정문 ➜ He does not(=doesn't) jump rope.

의문문 ➜ Does he jump rope?

②

It flies in the sky.

부정문 ➜

의문문 ➜

③

You walk to school.

부정문 ➜

의문문 ➜

④

She cleans the room.

부정문 ➜

의문문 ➜

⑤

Nick likes chocolate.

부정문 ➜

의문문 ➜

⑥

They go to the park.

부정문 ➜

의문문 ➜

나는 늦게 자지 않는다. (sleep late)

1 → I do not(=don't) sleep late.

그는 수지를 모른다. (know Suji)

2 →

그녀는 햄버거를 먹지 않는다. (eat hamburgers)

3 →

우리는 동물원에 가지 않는다. (go to the zoo)

4 →

너는 커피를 마시니? (drink coffee)

5 →

그들은 축구를 하니? (play soccer)

6 →

그는 돈이 필요하니? (need money)

7 →

Jane은 샌드위치를 좋아하니? (like sandwiches)

8 →

be동사와
일반동사 구별공식

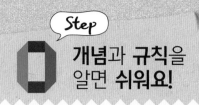

_____월_____일

1 be동사와 일반동사를
비교해 봐요.

● **be동사**와 일반동사는 의미와 문장 형식이 달라요.

보어

| be동사 〉 | I
나는 | **am**
이다 | a student.
학생. |

목적어

| 일반동사 〉 | I
나는 | **play**
한다 | soccer.
축구를. |

의미로 먼저 구별해 봐요.

의미와 문장형식을 확인해요.

2 be동사와 일반동사를
알아봐요.

● **be동사**는 어떤 의미와 형태로 쓰일까요?

be동사는 am, is, are로 '~이다, 있다'라는 의미로 쓰여요. 그리고 be동사 다음에 오는 말들은 다음과 같아요.

be동사＋명사			a singer.	나는 가수**이다**.
be동사＋형용사	I	am	tired.	나는 피곤**하다**.
be동사＋장소			in the library.	나는 도서관**에 있다**.

● **일반동사**는 어떤 의미와 형태로 쓰일까요?

일반동사는 be동사를 제외하고, go, become처럼 동작이나 상태를 나타내는 동사들을 말해요.

주어가 I, we, you, they일 때	You **do** your homework.	너는 너의 숙제를 **한다**.
	They **go** to the park.	그들은 공원에 **간다**.
	We **fly** in the sky.	우리는 하늘을 **난다**.
주어가 he, she, it일 때	He **does** his homework.	그는 그의 숙제를 **한다**.
	She **goes** to the park.	그녀는 공원에 **간다**.
	It **flies** in the sky.	그것은 하늘을 **난다**.

앞에서 배운 내용을 정리해 봐요.

일반동사 3인칭 현재형

대부분+s	eat – eats
-o, -s, -ch, -sh, -x+es	go – goes
자음+y → -ies	cry – cries
모음+y+s	play – plays

I ~~am~~ / **play** soccer. (축구를 <u>하다</u>.)　　He **is** / ~~plays~~ a student. (학생<u>이다</u>.)

I ~~am~~ / **study** English. (영어를 <u>공부하다</u>.)　　He **is** / ~~takes~~ in the library. (도서관에 <u>있다</u>.)

be동사와 일반동사를 구별해요.

동사 고르기

1	나는 행복하다.	I ⟨am⟩ make happy.
2	우리는 우리의 숙제를 한다.	We are / do our homework.
3	그는 축구 선수이다.	He is / has a soccer player.
4	그녀는 공원에 간다.	She is / goes to the park.
5	그들은 학교에 있다.	They are / take at school.
6	너는 테니스를 친다.	You are / play tennis.

의미에 맞게 be동사와 일반동사를 골라봐요.

동사 고르기

1 나는 / 마신다 / 주스를.
I ☐ juice.
☐ am ☑ drink

2 그것은 / 있다 / 상자 위에.
It ☐ on the box.
☐ is ☐ keeps

3 그는 / 한다 / 숙제를.
He ☐ his homework.
☐ is ☐ does

4 그는 / 이다 / 조종사.
He ☐ a pilot.
☐ is ☐ has

5 그녀는 / 있다 / 박물관에.
She ☐ in the museum.
☐ is ☐ goes

6 그녀는 / 간다 / 박물관에.
She ☐ to the museum.
☐ is ☐ goes

1

그는 / 이다 / 선생님.

He [is / has] a teacher.

그는 / 가지고 있다 / TV를.

He [is / has] a TV.

2

우리는 / 한다 / 축구를.

We [are / play] soccer.

우리는 / (이)다 / 피곤한.

We [are / play] tired.

3

나는 / 공부한다 / 수학을.

I [am / study] math.

나는 / 이다 / 피아니스트.

I [am / study] a pianist.

4

그녀는 / 이다 / 내 친구.

She [is / likes] my friend.

그녀는 / 좋아한다 / 내 친구를.

She [is / likes] my friend.

5

우리는 / 있다 / 학교에.

We [are / go] at school.

우리는 / 간다 / 학교에.

We [are / go] to school.

6

수지는 / 이다 / 선생님.

Suji [is / loves] a teacher.

수지는 / 좋아한다 / 그녀의 선생님을.

Suji [is / loves] her teacher.

7

그것들은 / 이다 / 가방들.

They [are / sell] bags.

그들은 / 판다 / 가방들을.

They [are / sell] bags.

8

그는 / 쓴다 / 안경을.

He [is / wears] glasses.

그는 / (이)다 / 키가 큰.

He [is / wears] tall.

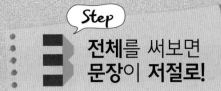
보 기

be
go
cry
read
eat
play

나는 / (이)다 / 배고픈. (hungry)

1 →   I am hungry.

그는 / 운다 / 밤에. (at night)

2 →

그는 / (이)다 / 슬픈. (sad)

3 →

그녀는 / 간다 / 학교에. (to school)

4 →

그것은 / 이다 / 나무. (a tree)

5 →

그는 / 먹는다 / 햄버거를. (hamburgers)

6 →

수지는 / 한다 / 축구를. (soccer)

7 →

그녀는 / 읽는다 / 책을. (a book)

8 →

[1~3] 다음 빈칸에 들어갈 알맞은 말을 고르시오.

1

> Her father _____ an old bike.

① be   ② is   ③ are
④ ride   ⑤ rides

2

> She _____ in the classroom.

① is   ② are   ③ clean
④ do   ⑤ am

3

> Mr. Kim _____ classical music very much.

① like   ② likes   ③ is
④ are   ⑤ am

[4~5] 다음 빈칸에 들어갈 말로 알맞은 것을 고르시오.

4

> He gets up early every day.
> → _____ he _____ up early every day?

① Is – get   ② Do – get   ③ Do – gets
④ Does – get   ⑤ Does – gets

5

> He watches movies a lot.
> → He _____ _____ _____ movies a lot.

① is not watches   ② do not watches
③ do not watch   ④ does not watches
⑤ does not watch

6 다음 빈칸에 들어갈 말로 알맞지 <u>않은</u> 것은?

> Suji and Jeremy _____.

① are friends   ② lives in Seoul
③ wash their hands   ④ have breakfast at 7
⑤ do their homework

7 다음 지시에 따라 바뀐 문장으로 알맞지 <u>않은</u> 것은?

① He is a pianist. (의문문)

　→ Does he is a pianist?

② She eats cheesecake. (부정문)

　→ She doesn't eat cheesecake.

③ He is my friend. I like him. (부정문)

　→ He is not my friend. I don't like him.

④ He goes to the gym every day. (의문문)

　→ Does he go to the gym every day?

⑤ We have a new heater in our classroom. (부정문)

　→ We don't have a new heater in our classroom.

서술형 문제

8 다음 빈칸에 공통으로 들어갈 말을 쓰시오.

- Andy _____ not like fast food.
- _____ he watch TV every day?

9 다음 보기 의 동사를 이용하여 빈칸에 알맞은 형태로 쓰시오.

보기

be　study　run　wash

(1) He _____ fast.　　(2) I _____ my car.

(3) He _____ under the sea.　　(4) David _____ English every day.

10 다음을 보기 와 같이 고쳐 쓰시오.

보기

I toss the ball to him. → She tosses the ball to him.

(1) I work very hard. → She _____ .

(2) We know him. → I _____ .

(3) They teach English to us. → Mr. Kim _____ .

(4) I use a small basket. → He _____ .

PART

3

명사

Unit 1 선글라스 쓴 오리들, 보셨나요?

명사의 복수형

못생긴 오리 새끼니, 낙동강 오리알이니
하는 말은 이제 잊어주세요.

We are fantastic *ducks*.
We are wearing *sunglasses*.

➕ 단어 미리 Check Up

foot	✔ 발	☐ 다리
tooth	☐ 치아	☐ 입술
goose	☐ 비둘기	☐ 거위
deer	☐ 사슴	☐ 토끼
child	☐ 아이	☐ 아이들
mice	☐ 입	☐ 쥐들

정답 발 / 치아 / 거위 / 사슴 / 아이 / 쥐들

Unit 2 새해 복 많이 받으세요~!

셀 수 없는 명사

여러분~!
모두들 새해 복 많이 받으세요~!!

I wish you a happy *new year*.

bread	☐ 빵	☐ 밀가루
cheese	☐ 우유	☐ 치즈
air	☐ 공기	☐ 고체
hope	☐ 희망	☐ 평화
stone	☐ 돌	☐ 물
money	☐ 공기	☐ 돈

Unit 3 늠름한 모습이로구나~!

There is[are] ~ 문장

날렵하고 우아한 저 표범,
온 몸에 있는 멋진 무늬도 봐봐.

There is a leopard.
There are spots on its body.

star	☐ 별	☐ 달
window	☐ 유리	☐ 창
garden	☐ 정원	☐ 뒤뜰
in the sky	☐ 하늘에	☐ 하늘 아래에
in the cup	☐ 컵	☐ 컵에
wallet	☐ 지갑	☐ 큰 가방

명사 변화공식: 복수형

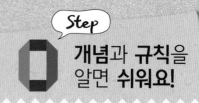
_____월 _____일

1 명사가 무엇인지 알아봐요.

● **명사**는 **사람**이나 **사물의 이름**을 나타내는 말이에요.

사람 〉	student, teacher, sister, boy, friend
사물 〉	pen, desk, chair, book, cat, dog
장소 〉	room, house, school, theater, park
시간 〉	hour, day, week, month, year

이것은 '하나, 둘' 셀 수 있는 명사예요.

2 명사가 왜, 어떻게 바뀌는지 알아봐요.

● 명사는 왜 **kid → kids, apple → apples**로 바뀌나요?

💡 명사가 하나이면 단수, 둘 이상이면 복수라고 해요. 복수일 때 명사의 모양이 바뀌어요.

하나 (단수)	a/an + 명사
	a book, **a** desk, **a** box, **a** bus, **an** orange, **an** apple, **an** hour
둘 이상 (복수)	명사 + (e)s
	book**s**, desk**s**, orange**s**, apple**s**, hour**s**, box**es**, bus**es**

*발음이 모음(a, e, i, o, u)으로 시작하는 명사 앞에는 an을 써요.

● **셀 수 있는 명사**의 **복수형**은 어떻게 변할까요?

💡 규칙적으로 변하는 명사들이 많아요.

명사의 형태	규칙	예
대부분의 명사	+-s	book**s**, desk**s**, pen**s**, cup**s**, flower**s**
-s, -sh, -ch, -x	+-es	bus**es**, dish**es**, church**es**, box**es**
자음+y	-y → -i+-es	baby–bab**ies**, story–stor**ies**, fly–fl**ies**
자음+o	+-es	potato**es**, hero**es** (*예외 photos)
-f, -fe	-f(e) → -v+-es	leaf–lea**ves**, knife–kni**ves** (*예외 roofs)

'바지, 안경, 신발, 양말처럼 항상 복수로 사용하는 명사들도 있어요.

ex. people, pants, jeans, glasses, shoes, socks

불규칙하게 변하는 명사

모음 변화	man → **men**, woman → **women**, foot → **feet**, tooth → **teeth**
끝부분 변화	child → **children**, ox → **oxen**, mouse → **mice**
같은 모양	sheep → **sheep**, fish → **fish**, deer → **deer**

1 제대로 써보면 문법이 저절로!

명사의 복수형은 규칙적으로 변하는 것과 불규칙하게 변하는 것으로 나눠져요.

셀 수 있는 명사는 둘 이상이면 -(e)s의 복수형을 써요.

규칙 형태 쓰기

단수형	복수형	단수형	복수형
a dog	dogs	a cup	cups
a book		a toy	
a hero		a day	
a horse		a pen	
a window		an orange	
a bus		an apple	
a box		an hour	

셀 수 있는 명사의 복수형이 불규칙하게 변하기도 해요.

불규칙 형태 쓰기

단수형	복수형	단수형	복수형
a foot	feet	a sheep	sheep
a tooth		a grandchild	
a child		a fish	
a woman		a man	
a mouse		a deer	
an ox		a goose	

1

그것은 / 이다 / 시계.

It is a watch / an watch .

그것은 / 이다 / 우산.

It is a umbrella / an umbrella .

2

우리는 / 이다 / 반 친구들.

We are a classmate / classmates .

우리는 / 이다 / 과학자들.

We are a scientist / scientists .

3

그는 / 가지고 있다 / 감자들을.

He has potatos / potatoes .

그는 / 가지고 있다 / 세 개의 칼을.

He has three knifes / knives .

4

그것들은 / 이다 / 양들.

They are sheep / sheeps .

그것들은 / 이다 / 거위들.

They are goose / geese .

5

이것들은 / 이다 / 내 그림들.

These are my a picture / pictures .

이것들은 / 이다 / 쥐들.

These are a mouse / mice .

6

나는 / 좋아한다 / 네 청바지를.

I like your a jean / jeans .

나는 / 좋아한다 / 네 신발을.

I like your a shoe / shoes .

7

그녀는 / 필요로 한다 / 양파를.

She needs a onion / an onion .

그녀는 / 필요로 한다 / 달걀을.

She needs a egg / an egg .

8

아이들은 / (이)다 / 귀여운.

The childs / children are cute.

그의 상자들은 / (이)다 / 작은.

His boxs / boxes are small.

1 He has a̶ e-mail from her. → He has an e-mail from her.

2 It is <u>house</u>. →

3 It is <u>a egg</u>. →

4 We want <u>an snowman</u>. →

5 They are <u>a lemons</u>. →

6 She has two <u>childs</u>. →

7 My <u>foots</u> are big. →

8 My brothers are <u>a doctor</u>. →

마무리 **해석확인**

① 그는 그녀로부터 온 이메일이 있다. ② 그것은 집이다.   ③ 그것은 달걀이다.   ④ 우리는 눈사람을 원한다.
⑤ 그것들은 레몬들이다.   ⑥ 그녀는 두 명의 아이가 있다.   ⑦ 내 발은 크다.   ⑧ 내 남동생들은 의사들이다.

UNIT 02 셀 수 없는 명사 공식

Step

0 개념과 규칙을 알면 쉬워요!

_____월 _____일

1 명사 종류에 대해 알아봐요.

🔘 명사에는 **셀 수 있는 명사**와 **셀 수 없는 명사**가 있어요. 하나, 둘, 셀 수 있는 명사와 달리 셀 수 없는 명사는 일정한 형태가 없어 세기 어려운 명사들을 말해요.

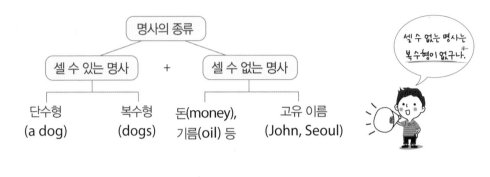

셀 수 없는 명사는 복수형이 없구나.

2 셀 수 없는 명사에 대해 알아봐요.

🔘 셀 수 없는 **명사**에는 어떤 것이 있을까요?

💡 '하나, 둘' 셀 수 없는 명사들은 다음과 같아요.

고유 이름	Suji, Nile, Seoul, Korea
물질(고체/기체/액체)	stone, butter, sugar, air, water, oil
과목/운동/게임	math, soccer, baseball, chess
생각, 감정 등	love, hope, peace

*고유 명사의 첫 글자는 항상 대문자로 써요.

It is far from ~~busan~~ / **Busan** . (그곳은 부산에서 멀다.)

🔘 셀 수 있는 **명사**와 셀 수 없는 **명사**의 특징은 다음과 같아요.

셀 수 있는 명사	셀 수 없는 명사
부정관사 a나 an을 쓴다.	부정관사 a나 an을 쓸 수 없다.
a book, an egg	~~a money~~ → money
복수형 -(e)s를 쓴다.	복수형이 없다.
book**s**, box**es**	~~money**s**~~ → money

A ~~butter~~ / **Butter** is bad for your health. (버터는 건강에 나쁘다.)

Sugar / ~~Sugars~~ is sweet. (설탕은 달다.)

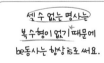

셀 수 없는 명사는 복수형이 없기 때문에 be동사는 항상 is로 써요.

Love is good.

46

셀 수 있는 명사와 셀 수 없는 명사를 구별해요.

명사 종류 고르기

	명사	명사 종류	명사	명사 종류
1	music 음악	☐ 셀 수 있는 명사 ☑ 셀 수 없는 명사	Suji 수지	☐ 셀 수 있는 명사 ☐ 셀 수 없는 명사
2	juice 주스	☐ 셀 수 있는 명사 ☐ 셀 수 없는 명사	chair 의자	☐ 셀 수 있는 명사 ☐ 셀 수 없는 명사
3	baby 아기	☐ 셀 수 있는 명사 ☐ 셀 수 없는 명사	oil 기름	☐ 셀 수 있는 명사 ☐ 셀 수 없는 명사
4	animal 동물	☐ 셀 수 있는 명사 ☐ 셀 수 없는 명사	air 공기	☐ 셀 수 있는 명사 ☐ 셀 수 없는 명사
5	water 물	☐ 셀 수 있는 명사 ☐ 셀 수 없는 명사	love 사랑	☐ 셀 수 있는 명사 ☐ 셀 수 없는 명사
6	Seoul 서울	☐ 셀 수 있는 명사 ☐ 셀 수 없는 명사	soccer 축구	☐ 셀 수 있는 명사 ☐ 셀 수 없는 명사

셀 수 없는 명사 앞에는 a나 an을 쓸 수 없어요.

부정관사 고르기

1	a / an /ⓧ bread (빵)	a / an / X boy (소년)
2	a / an / X money (돈)	a / an / X sugar (설탕)
3	a / an / X table (탁자)	a / an / X book (책)
4	a / an / X orange (오렌지)	a / an / X butter (버터)
5	a / an / X milk (우유)	a / an / X apple (사과)
6	a / an / X toy (장난감)	a / an / X Jeju (제주도)

1

나는 / 산다 / 서울에.

I live in ~~Seoul~~ / a Seoul .

나는 / 산다 / 집에.

I live in house / ~~a house~~ .

2

우리는 / 먹는다 / 치즈를.

We eat cheese / cheeses .

우리는 / 먹는다 / 바나나들을.

We eat banana / bananas .

3

우리는 / 필요로 한다 / 공기를.

We need air / airs .

우리는 / 필요로 한다 / 사랑을.

We need love / loves .

4

그것은 / 이다 / 희망.

It is hope / a hope .

그것은 / 이다 / 드레스.

It is dress / a dress .

5

그는 / 만든다 / 빵을.

He makes bread / breads .

그는 / 만든다 / 램프들을.

He makes lamp / lamps .

6

나는 / 좋아한다 / 고양이를.

I like cat / cats .

나는 / 좋아한다 / 평화를.

I like peace / a peace .

7

그녀는 / 한다 / 축구를.

She plays soccer / soccers .

그녀는 / 한다 / 게임들을.

She plays computer game / games .

8

이곳은 / 이다 / 런던.

This is a London / London .

이 아이는 / 이다 / Jenny.

This is jenny / Jenny .

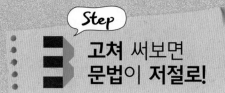
1 I eat cak~~es~~. → I eat cake.

2 We cook a dinner. →

3 They are book. →

4 We go to korea. →

5 He has dog. →

6 They listen to musics. →

7 She dances with john. →

8 My brother has toy. →

 마무리 **해석확인**

① 나는 케이크를 먹는다.　② 우리는 저녁을 요리한다.　③ 그것들은 책들이다.　④ 우리는 한국에 간다.
⑤ 그는 개(들)를 가지고 있다.　⑥ 그들은 음악을 듣는다.　⑦ 그녀는 John과 춤춘다.　⑧ 내 남동생은 장난감(들)을 가지고 있다.

There is(are) ~ 문장공식

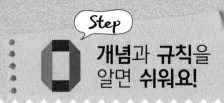

_____월 _____일

1 there is[are] ~의 의미를 알아봐요.

✪ **There is[are] ~**는 '방에 고양이가 있다, 하늘에 별이 있다'처럼 '**~이 있다**'라고 할 때 써요.

There are	stars	in the sky.
있다	별이	하늘에.

이것이 주어

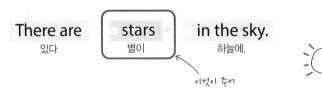

2 there is[are] ~의 특징과 문장 형태를 알아봐요.

✪ **there is**와 **there are**는 어떻게 구분해서 쓰나요?

💡 뒤에 나오는 주어가 단수이면 there is, 복수이면 there are를 써요.

There is+단수 명사 ~			There are+복수 명사 ~		
There is	**milk**	on the table.	**There are**	**books**	in my bag.
있다	우유가	탁자 위에.	있다	책들이	내 가방에.

✪ There is[are] ~의 **부정문**과 **의문문**은 어떻게 만드나요?

부정문 ▶ be동사의 다음에 not을 넣어요.

There is		much water in the cup.	컵에 물이 많이 있다.
There is	not	much water in the cup.	컵에 물이 많이 있지 않다.

의문문 ▶ there와 be동사의 순서를 바꿔요.

There	are	many books on the desk.	책상 위에 많은 책들이 있다.
Are	there	many books on the desk?	책상 위에 많은 책들이 있니?

배운 내용을 정리해 봐요.

There is	+단수 명사	~이 있다
There are	+복수 명사	

수와 양을 표현할 때 쓰는 형용사

	셀 수 있는 명사	셀 수 없는 명사
많은	many	much
약간 있는	some	

*many + 셀 수 있는 명사
much + 셀 수 없는 명사
*some + 모든 명사

There is[are] ~ 뒤에 오는 주어에 따라 be동사가 달라져요.

be동사 고르기

1	There ⬚ money.	☑ is	☐ are
2	There ⬚ ants.	☐ is	☐ are
3	There ⬚ a chair.	☐ is	☐ are
4	There ⬚ sugar.	☐ is	☐ are
5	There ⬚ animals.	☐ is	☐ are
6	There ⬚ bananas.	☐ is	☐ are

주어의 단·복수에 따라 there is[are]를 구분해서 써요.

주어 고르기

1	There is ⬚ .	☐ books	☑ money
2	There is ⬚ .	☐ tigers	☐ water
3	There is ⬚ .	☐ an egg	☐ windows
4	There are ⬚ .	☐ cities	☐ a toy
5	There are ⬚ .	☐ flies	☐ a cup
6	There are ⬚ .	☐ forks	☐ butter

①

There is a notebook in my bag.

부정문 ➡ There is not(=isn't) a notebook in my bag.

의문문 ➡ Is there a notebook in my bag?

②

There are many windows in my room.

부정문 ➡

의문문 ➡

③

There is a pet in the store.

부정문 ➡

의문문 ➡

④

There is a passenger on the bus.

부정문 ➡

의문문 ➡

➡ 여기서 passenger는 '승객'이라는 뜻이에요.

⑤

There is a book on your bookshelf.

부정문 ➡

의문문 ➡

⑥

There are many benches at the park.

부정문 ➡

의문문 ➡

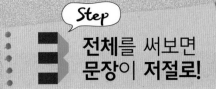

있다 / 물이 조금 / 컵에. (some water, in the cup)

1 → There is some water in the cup.

있다 / 사과들이 / 상자 안에. (apples, in the box)

2 →

있다 / 나무가 / 정원에. (a tree, in the garden)

3 →

있다 / 보름달이 / 하늘에. (a full moon, in the sky)

4 →

있다 / 책들이 / 가방에. (books, in the bag)

5 →

있다 / 우유가 조금 / 유리잔에. (some milk, in the glass)

6 →

있다 / 컴퓨터가 / 내 방에. (a computer, in my room)

7 →

있다 / 돈이 조금 / 내 지갑에. (some money, in my wallet)

8 →

1 다음 중 셀 수 없는 명사를 모두 고르면?

① music   ② desk   ③ book
④ baseball   ⑤ friend

2 다음 중 셀 수 있는 명사를 모두 고르면?

① store   ② eye   ③ Busan
④ juice   ⑤ milk

[3~4] 다음 중 복수형이 <u>잘못된</u> 것을 고르시오.

3 ① lady – ladies   ② bus – buses
③ child – childs   ④ foot – feet
⑤ leaf – leaves

4 ① tooth – teeth   ② man – men
③ mouse – mouses   ④ woman – women
⑤ potato – potatoes

[5~6] 다음 빈칸에 들어갈 말로 <u>어색한</u> 것을 고르시오.

5

There are _____ in the picture.

① children   ② water   ③ mice
④ women   ⑤ feet

6

This is a _____.

① lamp   ② pen   ③ box
④ juice   ⑤ book

[7~8] 다음 빈칸에 들어갈 말이 <u>다른</u> 것을 고르시오.

7 ① There is _____ drum.   ② There is _____ handbag.
③ There is _____ mouse.   ④ There is _____ onion.
⑤ There is _____ pencil.

8 ① I'm _____ baseball player.

② Sumi has _____ egg.

③ There is _____ apple on the table.

④ She is _____ elementary school teacher.

⑤ Is there _____ American student in your class?

Note

9 다음 밑줄 친 부분이 올바른 것은?

① I love a Suji.

② I live in a Seoul.

③ The two women are tall.

④ I drink a milk for breakfast.

⑤ I have a son and two daughter.

서술형
문제

[10~11] 우리말에 맞게 주어진 단어들을 활용해 문장을 완성하시오.

10 이 강에 물고기들이 많이 있다. (there, be, fish, many, in this river)

→ _____

11 내 주머니에 돈이 많이 있지 않다. (there, much money, be, in my pocket)

→ _____

[12~13] 다음 문장에서 틀린 부분을 찾아 바르게 고치시오.

12 There is many toys for the children.

_____ → _____

13 He is ① a new friend. His name is ② Tim. He is from the USA.
He has blue ③ eyes and ④ a short hairs. He is my English ⑤ teacher's son.

_____ → _____

대명사

Unit 1   내 댄스 파트너야!

인칭대명사

내 댄스 파트너야.
이런 멋진 파트너를 본 적 있어?

This is *my* dog.
He is *my* dance partner.

🔆 단어 미리 Check Up

best friend	☐ 반 친구	☑ 친한 친구
tail	☐ 꼬리	☐ 몸통
sister	☐ 여자 형제	☐ 남자 형제
pretty	☐ 예쁜	☐ 작은
bag	☐ 가방	☐ 선풍기
in the 5th grade	☐ 다섯 번째에	☐ 5학년에

정답 친한 친구 / 꼬리 / 여자 형제 / 예쁜 / 가방 / 5학년에

지시대명사와 대명사 it

내 사랑스런 친구를 소개할게.
정말 귀엽지?

This is my favorite animal.
It is a rabbit.

➕ 단어 미리 Check Up

dark	☐ 어두운	☐ 밝은
photo	☐ 그림	☐ 사진
comic book	☐ 소설책	☐ 만화책
January	☐ 1월	☐ 2월
August	☐ 7월	☐ 8월
outside	☐ 바깥에	☐ 안쪽에

비인칭주어 it

비 오는 날은 부침개가 최고.
혹시 더 남은 건 없나요?

It's rainy.
Buchimgae is delicious.

➕ 단어 미리 Check Up

weather	☐ 날짜	☐ 날씨
date	☐ 날짜	☐ 날씨
snowy	☐ 비 오는	☐ 눈 오는
windy	☐ 바람 부는	☐ 흐린
cloudy	☐ 바람 부는	☐ 흐린
get there	☐ 거기를 얻다	☐ 거기에 도착하다

인칭대명사 변화공식

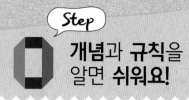

_____월 _____일

1 인칭대명사가 무엇인지 알아봐요.

✏️ **인칭대명사는 사람 이름을 대신하여 사용하는 말이에요.**

This is [Sue]. ← 사람 이름을 대신
[She] is [my] friend.
그녀는   나의
└─ 인칭대명사 ─┘

Sue를 대신하여 인칭대명사 she를 쓰고 있어요.

2 명사가 어떤 인칭대명사로 바뀌는지 알아봐요.

✏️ **주어 자리에 이름 대신 어떤 대명사를 쓸까요?**

💡 주어에는 말하는 사람일 때는 1인칭, 말을 듣는 사람일 때는 2인칭, 다른 사람을 말할 때는 3인칭을 써요.

인칭	한 사람 / 사물 (단수)		두 사람 / 두 개 이상 (복수)	
1인칭	I	나는	we	우리는
2인칭	you	너는 / 당신은	you	너희들은 / 당신들은
3인칭	she	그녀는	they	그들은
	he	그는		
	it	그것은	they	그것들은

[Jenny] is my sister. [She] is pretty. (Jenny 대신에 She를 씀.)

[Sue and John] are students. [They] are in the 5th grade.
(Sue and John 대신에 They를 씀.)

✏️ **주어가 아닌 자리에 이름 대신 어떤 대명사를 쓸까요?**

💡 목적어 자리에 쓰는 목적격과 소유를 나타내는 소유격이 있어요.

단수			복수		
주격	소유격	목적격	주격	소유격	목적격
I	my	me	we	our	us
you	your	you	you	your	you
he	his	him			
she	her	her	they	their	them
it	its	it			

This is [my] bag. (my(나의)는 소유의 의미인 I의 소유격임.)

[Jenny] is my sister. I like [her]. (Jenny를 대신하여 목적어인 her를 씀.)

사람의 수나, 성별에 따라 대신하는 인칭대명사가 달라요.

My uncle, Mr. Kim ➡ he
Sumi, Mrs. Kim ➡ she
a cat, the moon ➡ it

1 골라 보면
문법이 저절로!

사람의 수나 성별에 맞게 주어 자리에 쓰는 인칭대명사가
있고, 목적어, 소유격으로 쓰는 인칭대명사가 각각 달라요.

주어 자리의 인칭대명사는 사람의 수나 성별에 따라 달라져요.

주격 인칭대명사로 바꿔 쓰기

1	my sister	→	she		John	→	
2	my brothers	→			Sarah and I	→	
3	my father	→			Mike	→	
4	my mother	→			Mr. Kim	→	
5	this woman	→			boys	→	
6	a girl	→			a boy	→	

목적격이나 소유격 인칭대명사도 달라져요.

인칭대명사 형태 쓰기

명사	주격	소유격	목적격
Sue	she	her	her
Jeremy			
Amy			
Tom and John			
Mrs. Kim			
you and I			
John and you			

1

수지는 / 좋아한다 / 나를.

Suji likes [my / (me)].

수지는 / 좋아한다 / 그를.

Suji likes [his /(him)].

2

수지는 / 안다 / 그녀를.

Suji knows [her / him].

수지는 / 안다 / 그들을.

Suji knows [them / us].

3

그것은 / 이다 / 내 가방.

It is [my / me] bag.

그것은 / 이다 / 네 가방.

It is [you / your] bag.

4

그것은 / 이다 / 그의 가방.

It is [his / her] bag.

그것은 / 이다 / 그녀의 가방.

It is [his / her] bag.

5

그의 동생들은 / (이)다 / 어린.

[He / His] brothers are young.

그들의 친구들은 / (이)다 / 어린.

[They / Their] friends are young.

6

그는 / 사랑한다 / 그녀의 눈을.

He loves [her / his] eyes.

그는 / 사랑한다 / 그것의 꼬리를.

He loves [it's / its] tail.

7

John과 나는 / 이다 / 요리사.　　우리는 / 요리한다 / 잘.

John and I are cooks.
[They / We] cook well.

수지와 John은 / 이다 / 내 친구들.　　그들은 / 요리한다 / 잘.

Suji and John are my friends.
[They / She] cook well.

8

John은 / 이다 / 내 친구.　　그는 / 이다 / 요리사.

John is my friend.
[His / He] is a cook.

내 여동생은 / 이다 / 수지.　　그녀는 / 이다 / 요리사.

My sister is Suji.
[Her / She] is a cook.

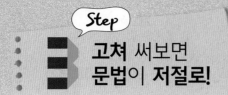
1 It is he pencil. → It is his pencil.

2 We like his. →

3 They teacher is Mr. Kim. →

4 Her is at the park. →

5 He is me best friend. →

6 This is my dog.
They are small. →

7 John is cute.
I'm my boyfriend. →

8 I'm Suji. She is a student. →

 마무리 **해석확인**

① 그것은 그의 연필이다.　② 우리는 그를 좋아한다.　③ 그들의 선생님은 김 선생이다.　④ 그녀는 공원에 있다.
⑤ 그는 내 가장 친한 친구이다.　⑥ 이것은 내 개다. 그것은 작다.　⑦ John은 귀엽다. 그는 내 남자친구이다.　⑧ 나는 수지이다. 나는 학생이다.

비인칭주어 it, 지시 대명사 this, that 공식

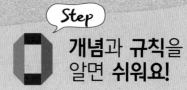

_____월 _____일

---

1 it의 두 가지 쓰임에 대해 알아봐요.

◉ **it**은 사물의 이름을 대신하는 **대명사**이거나 시간이나 거리 등을 나타내는 **비인칭 주어**로 쓰여요.

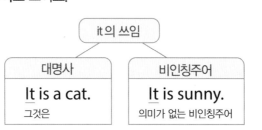

it의 쓰임

대명사	비인칭주어
It is a cat. 그것은	**It is sunny.** 의미가 없는 비인칭주어

> it이 '그것' 이라고 해석되지 않는 경우도 있어요.

---

2 비인칭주어와 지시대명사를 알아봐요.

✐ **비인칭주어 it**은 언제 쓰나요?

◎ 시간, 날씨, 요일, 날짜, 계절, 거리, 명암 등을 나타낼 때 주어 자리에 써요.

시간	It is 5 o'clock.	5시이다.
날씨	It is cloudy.	흐린 날이다.
요일 / 날짜	It's Monday. It's January 23rd.	월요일이다. 1월 23일이다.
계절	It's summer now.	지금은 여름이다.
거리	It's 5km from here.	여기서 5km이다.
명암	It is dark outside.	밖은 어둡다.

*it의 쓰임을 재정리해봐요.

여러 가지 역할을 하는 it	사물, 동물, 앞에서 언급된 일을 가리키는 인칭대명사 it I have a dog. **It** is very cute.
	비인칭주어 it – 날씨, 시간, 거리, 명암, 온도, 날짜, 계절 등을 표현 **It** is too cold today.

✐ **지시대명사**는 언제 쓰나요?

◎ '이것, 저것'이라고 가리키는 말로, 거리와 수에 따라 다르게 사용해요.

	거리	복수형
this(이것은)	가까운 것을 가리킴.	these(이것들은)
that(저것은)	멀리 있는 것을 가리킴.	those(저것들은)

This is a box. (이것은) → **These** (is / are) boxes. (이것들은)

That is a ball. (저것은) → **Those** (is / are) balls. (저것들은)

> 정해지지 않은 것을 가리킬 때는 부정대명사 one을 써요.
>
> Do you have a bike?
> ➡ Yes, I have **one**.

Step

1 골라 보면
문법이 저절로!

비인칭주어 it은 시간이나 날짜 등을 나타낼 때 쓰고,
지시대명사는 '이것, 저것'이라고 가리키는 말이에요.

비인칭주어 it는 시간, 날씨, 날짜, 계절, 거리 등을 나타내요.

비인칭주어 구별하기

1 It is dark outside.	☐ 거리	☑ 명암
2 It is 5 o'clock now.	☐ 시간	☐ 날짜
3 It is Monday today.	☐ 요일	☐ 날짜
4 It is sunny today.	☐ 날씨	☐ 명암
5 It is spring now.	☐ 계절	☐ 시간
6 It is January 22nd today.	☐ 날짜	☐ 날씨

지시대명사는 가리키는 것의 거리와 수에 따라 달라져요.

지시대명사 고르기

1 ☐ my coat.	☑ This is	☐ These are
2 ☐ my parents.	☐ This is	☐ These are
3 ☐ my boat.	☐ That is	☐ Those are
4 ☐ my bags.	☐ That is	☐ Those are
5 ☐ my cousins.	☐ This is	☐ These are
6 ☐ my balls.	☐ This is	☐ These are

1

이것은 / 이다 / 사진.

(This) / These is a photo.

이것들은 / 이다 / 사진들.

This / (These) are photos.

2

이것이 / 이다 / 내 자리.

This is / are my seat.

이것들은 / 이다 / 우리 자리들.

These is / are our seats.

3

저것은 / 이다 / 내 휴대 전화.

That / Those is my cell phone.

저것들은 / 이다 / 우리 휴대 전화들.

That / Those are our cell phones.

4

저것은 / 아니다 / 만화책이.

That is / are not a comic book.

저것들은 / 아니다 / 만화책들이.

Those is / are not comic books.

5

(날씨가) (이)다 / 흐린.

This / It is cloudy.

(계절이) 이다 / 가을.

We / It is fall.

6

그것은 / 이다 / 시계.

It / These is a watch.

이것들은 / 이다 / 시계들.

It / These are watches.

7

(시간이) (이)다 / 4시.

This / It is 4 o'clock.

(요일이) (이)다 / 일요일.

That / It is Sunday.

8

그것은 / 이다 / 내 개.

It / They is my dog.

저것들은 / 이다 / 내 신발.

It / Those are my shoes.

(날씨가) (이)다 / 추운 / 오늘은. (cold today)

1 → It is cold today.

(날씨가) (이)다 / 비가 오는 / 밖에는. (rainy outside)

2 →

(날짜가) 이다 / 8월 17일 / 오늘은. (August 17th today)

3 →

(명암이) (이)다 / 어두운 / 밖에는. (dark outside)

4 →

이분은 / 이다 / 우리 엄마. (my mom)

5 →

이것들은 / 이다 / 내 청바지. (my jeans)

6 →

저것들은 / 이다 / 생일 카드들. (birthday cards)

7 →

저것은 / (것)이다 / 수지를 위한. (for Suji)

8 →

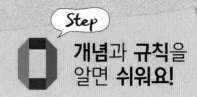
_____월 _____일

1 요일, 날짜를
나타내는 문장을
알아봐요.

◎ 비인칭주어 **it**은 '오늘은 토요일이야.' '7월 1일이야.'처럼 요일이나 날짜를 표현
할 때 써요.

It is | **January 1st, 2016.** |
(날짜가) 이다 | 2016년 1월 1일. |

'월, 일, 연도'의 순서로 씀

〈연도, 월, 일〉로
쓰는 우리말과 달리
〈월, 일, 연도〉로
나타내요.

2 날짜, 날씨 등을
묻고 답하는 법을
알아봐요.

◎ 날짜는 어떻게 묻고 답할까요?

◎ 날짜는 〈It is+월, 일, 연도〉의 순서대로 쓰고 요일과 월은 대문자로 쓰는 것에 주의하세요.

	질문하기	답하기
요일	**What day is it?** (무슨 요일이니?)	It is **Sunday.** (일요일이야.)
날짜	**What's the date** today? (오늘은 며칠이니?)	It is **June 2nd** today. (오늘은 6월 2일이야.)

*일 표시는 서수로 쓰고, 4th부터는 숫자에 th를 붙여 써요.
first=1st   second=2nd   third=3rd   fourth=4th ....

◎ 날씨, 걸린 시간, 금액 등은 어떻게 묻고 답할까요?

날씨	**How is the weather?** (=What is the weather like?) – It is rainy. – It is sunny. – It is cloudy. – It is snowy. – It is windy.	날씨가 어때? – 비가 와. – 화창해. – 흐려. – 눈이 와. – 바람이 불어.
시간	**What time is it?** – It is 5 o'clock.	몇 시예요? – 5시예요.
걸린 시간	**How long does it take to** get there? – It takes 2 hours.	거기까지 얼마나 걸리니? – 2시간 걸려.
금액	**How much does it cost to** wash the car? – It costs ₩20,000.	세차하는 데 얼마니? – 2만 원이 들어.

걸린 시간은 '얼마나 오래'라는
how long을 쓰고 쓴 금액은
'얼마나 많이'라는 **how much**가
문장 앞에 와요.

It is ~에 대한 알맞은 질문을 골라 보세요.

		질문 고르기

1 It's cold outside.

☐ What day is it?
☑ How is the weather?

2 It's Friday today.

☐ What day is it?
☐ What's the date today?

3 It's 7:30 now.

☐ What time is it?
☐ How long does it take to get there?

4 It is March 5th.

☐ How is the weather?
☐ What's the date today?

5 It takes 2 hours.

☐ What day is it?
☐ How long does it take to get there?

6 It costs $10.

☐ How long does it take to buy it?
☐ How much does it cost to buy it?

날씨, 금액 등을 묻는 질문을 골라 보세요.

		의문사 고르기

1 얼마나 / 걸리니 / 거기까지 가는 데?
☐☐☐☐☐ does it take to get there?

☑ How long
☐ How much

2 얼마나 / 드니 / 그것을 씻는 데?
☐☐☐☐☐ does it cost to wash it?

☐ How long
☐ How much

3 어떠하니 / 날씨가?
☐☐☐☐☐ is the weather?

☐ How
☐ How long

4 무슨 요일 / 이니?
☐☐☐☐☐ is it?

☐ What day
☐ What date

5 며칠이니 / 오늘은?
What's ☐☐☐☐☐ today?

☐ the day
☐ the date

① it, today, Tuesday, is

문장 → It is Tuesday today.

우리말 → 오늘은 화요일이다.

② the date, is, what, today, ?

문장 →

우리말 →

③ how much, does, it, to buy the toy, cost, ?

문장 →

우리말 →

④ takes, to get home, it, 3 hours

문장 →

우리말 →

⑤ 2016, it, 23rd, is, June

문장 →

우리말 →

⑥ how long, does, take, it, to finish the homework, ?

문장 →

우리말 →

오늘은 6월 22일이다. (June 22nd, today)

1 → It is June 22nd today.

날씨가 춥다. (cold)

2 →

여기는 눈이 내려요. (snowy, here)

3 →

차를 사는 데 얼마를 내야 하니? (to buy a car)

4 →

오늘은 무슨 요일이니? (what day, today)

5 →

시청까지 가는 데 얼마나 걸리니? (to get to the City Hall)

6 →

2016년 10월 25일이야. (October)

7 →

날씨가 어때? (weather, like)

8 →

[1~4] 다음 빈칸에 들어갈 알맞은 말을 고르시오.

1

_____ house is beautiful.

① He   ② She   ③ Their
④ My father   ⑤ Us

2

Julie and Suji are _____ friends.

① our   ② ours   ③ we
④ they   ⑤ them

3

The students don't know _____.

① it   ② they   ③ its
④ their   ⑤ his

4

Hi, my name is Minsu. _____ a student.

① He's   ② She's   ③ It's
④ I'm   ⑤ They're

5 다음 빈칸에 공통으로 들어갈 알맞은 것은?

• _____ is rainy in Seoul.
• I love my dog. _____ is cute.

① There   ② It   ③ These
④ That   ⑤ This

6 다음 대화의 빈칸에 들어갈 말로 짝지어진 것은?

• A: I have two friends.
  B: Where are _____ from?

• A: What's the date today?
  B: _____ is July 1st.

① they — Him   ② they — It
③ them — It   ④ their — It
⑤ they — This

7 다음 밑줄 친 It의 쓰임이 나머지와 <u>다른</u> 것은?

① <u>It</u>'s my book.
② <u>It</u> is a cat.
③ <u>It</u>'s my puppy.
④ <u>It</u>'s five thirty.
⑤ <u>It</u>'s on the desk.

8 다음 밑줄 친 부분이 올바른 것은?

① <u>This is</u> pencils.
② <u>That's</u> my mom and dad.
③ <u>Those are</u> Nick's friends.
④ <u>This is</u> cold today.
⑤ <u>These are</u> an apple.

서술형 문제

[9~10] 우리말에 맞게 주어진 단어들을 활용해 문장을 완성하시오.

9 오늘은 월요일이다. ➡ _____ (Monday, today)

10 이것들은 그들의 자전거들이다. ➡ _____ (their, bikes)

11 다음 두 문장의 의미가 같도록 빈칸에 들어갈 알맞은 말을 쓰시오.

The weather is sunny today.
= _____ is sunny today.

[12~13] 우리말과 같은 뜻이 되도록 다음 빈칸에 들어갈 알맞은 말을 쓰시오.

12 밖은 어둡다. ➡ _____ is dark outside.

13 이것은 그의 앨범이다. ➡ This is _____ album.

PART 5

형용사, 부사

Unit **1** 좋은 꿈을 꿔요!

형용사

아기가 행복하게 자고 있네요.
좋은 꿈을 꾸고 있나 봐요.

He looks so *happy*.
He is having a *good* dream.

단어 미리 Check Up

kind	☑ 친절한	☐ 불쾌한
wild	☐ 야생의	☐ 자연의
smart	☐ 둔한	☐ 똑똑한
basket	☐ 바구니	☐ 그물
bottle	☐ 음료수	☐ 병
pocket	☐ 주머니	☐ 용돈

정답 친절한 / 야생의 / 똑똑한 / 바구니 / 병 / 주머니

Unit 2 아, 지루해, 지루해, 지루해!

부사

나는 항상 주말에 TV를 봐.
근데 왜 이렇게 재미없는 것만 하지.
아, 너무 지루해, 지루해, 지루해.

I *always* watch TV.
It's *too* boring.

Unit 3 얼마나 자주 산책 하냐구요?

how+형용사/부사 ~

나는 친구들과 산책을 해요.
얼마나 자주 하냐구요?
헤헤, 한 달에 한 번 정도. ^^;

How often do I take a walk?
Well, *once a month*.

🔂 단어 미리 Check Up

hard	☐ 열심히	☐ 자주
easily	☐ 쉽게	☐ 쉬운
slowly	☐ 느리게	☐ 느린
early	☐ 일찍	☐ 늦게
carefully	☐ 조심스럽게	☐ 조심스러운
never	☐ 매일	☐ 결코 ~하지 않은

🔂 단어 미리 Check Up

how old	☐ 얼마나 많이	☐ 나이가 얼마인지
how tall	☐ 얼마나 자주	☐ 얼마나 큰
how many	☐ 얼마나 먼	☐ 얼마나 많이
how often	☐ 얼마나 자주	☐ 얼마인지
how far	☐ 얼마나 큰	☐ 얼마나 먼
how long	☐ 얼마나 큰	☐ 얼마나 오래

형용사 공식

_____월 _____일

1 형용사가 무엇인지 알아봐요.

📝 **형용사**는 '예쁜, 귀여운'처럼 사람이나 사물의 상태, 특징을 나타내는 말이에요.

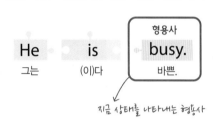

He	is	형용사 busy.
그는	(이)다	바쁜.

지금 상태를 나타내는 형용사

형용사는 사람이나 사물의 성질, 모양 등을 나타내는 말이에요.

2 형용사의 두 가지 역할을 알아봐요.

📝 **형용사의 두 가지 역할은 무엇인가요?**

💡 형용사는 '예쁜 꽃'처럼 명사를 수식하거나 주어를 보충 설명해 주는 역할을 해요.

① 명사를 수식	He is a kind boy. (명사를 수식)	그는 친절한 소년이다.
② 보어 역할	He is kind. (주어를 보충 설명)	그는 친절하다.

📝 **수량 형용사는 무엇인가요?**

💡 사람이나 사물의 많고 적음을 나타내는 말이 수량 형용사예요.

① 셀 수 있는 명사의 수량 형용사: **many**(많은), **a few**(약간), **few**(거의 없는)

I have	many	candies.	나는 사탕이 많이 있다.
	a few		나는 사탕이 조금 있다.
	few		나는 사탕이 거의 없다.

② 셀 수 없는 명사의 수량 형용사: **much**(많은), **a little**(조금), **little**(거의 없는)

I have	much	money.	나는 돈이 많이 있다.
	a little		나는 돈이 조금 있다.
	little		나는 돈이 거의 없다.

*〈much＋명사〉는 주로 부정문, 의문문에 써요.

③ **a lot of**(많은)와 **some**(약간)은 셀 수 있는 명사, 셀 수 없는 명사 모두 사용 가능해요.

I have	a lot of	pencils.	나는 연필이 [많이/약간] 있다.
	some	water.	나는 물이 [많이/약간] 있다.

의미가 반대인 형용사들도 많아요.

big 큰	small 작은
tall 키가 큰	short 키가 작은
new 새로운	old 오래된

형용사는 명사를 수식하거나 보충 설명해 줘요.

		형용사 고르기	
1	It is a beautiful day.	☑ beautiful	☐ day
2	My father is busy.	☐ father	☐ busy
3	These are wild animals.	☐ These	☐ wild
4	The shoes are black.	☐ shoes	☐ black
5	She has long hair.	☐ long	☐ hair
6	Its neck is short.	☐ neck	☐ short

명사에 따라 수량 형용사를 다르게 써야 해요.

수량 형용사 고르기

1 much / a few / many bread

2 much / a few / many money

3 little / a little / many tables

4 a little / a few / much beds

5 little / few / many milk

6 little / a lot of / much flowers

a little / a few / much boys

little / few / many sugar

a little / a few / much books

a little / a few / many butter

a little / a few / much apples

few / many / some salt

1 smart, the, boy, is, my brother

문장 → The smart boy is my brother.

우리말 → 그 똑똑한 소년은 내 남동생이다.

2 black, the shoes, are

문장 →

우리말 →

3 great, a, pianist, is, she

문장 →

우리말 →

4 people, there are, many, in the classroom

문장 →

우리말 →

5 people, a few, sick, are

문장 →

우리말 →

6 some, fruit, there is, in the basket

문장 →

우리말 →

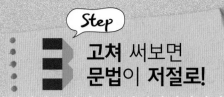
1 There isn't m~~a~~ny water
   in the cup.
   → There isn't much water in the cup.

2 There is a few juice
   in the glass.
   →

3 There is few sugar
   in the bottle.
   →

4 There is too many salt
   in the soup.
   →

5 There is many bread on
   the table.
   →

6 There isn't many money
   in my pocket.
   →

7 There are a little pencils
   on the desk.
   →

8 There is too many noise
   in the room.
   →

 마무리 **해석확인**

① 컵에 물이 많이 있지 않다.   ② 유리잔에 주스가 약간 있다.   ③ 병에 설탕이 거의 없다.   ④ 수프에 소금이 너무 많이 (들어) 있다.
⑤ 탁자 위에 빵이 많이 있다.   ⑥ 내 주머니에 돈이 많이 있지 않다.   ⑦ 책상 위에 연필이 몇 자루 있다.   ⑧ 방에 소음이 너무 많다.

77

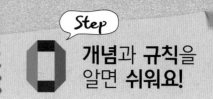

_____월 _____일

1 부사가 무엇인지 알아봐요.

✏ 부사는 '빠르게, 간단하게'처럼 형용사나 동사 등을 꾸며 주는 말이에요.

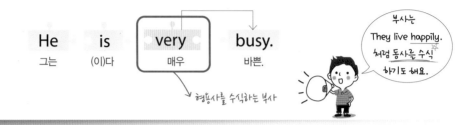

He   is   very   busy.
그는   (이)다   매우   바쁜.

형용사를 수식하는 부사

부사는 They live happily. 처럼 동사를 수식 하기도 해요.

2 부사의 형태와 종류를 알아봐요.

✏ 부사의 형태가 있나요?

💡 대부분의 부사는 형용사에 -ly를 붙여요.

대부분	+-ly	slow → slow**ly**	loud → loud**ly**
자음+y	-y를 i로 바꾸고 +-ly	easy → eas**ily**	busy → bus**ily**
e로 끝나는 경우	-e를 빼고 +-ly	true → tru**ly**	simple → simp**ly**

*주의해야 할 부사

형용사와 형태가 같은 부사	뜻이 달라지는 부사
hard(열심인) – hard(열심히)	hardly(거의 ~ 않다)
high(높은) – high(높이)	highly(매우)
late(늦은) – late(늦게)	lately(최근에)
near(가까운) – near(가까이)	nearly(거의)
fast(빠른) – fast(빨리)	
early(이른) – early(일찍)	
long(긴) – long(오래)	

✏ 빈도부사는 어떤 부사일까요?

💡 '얼마나 자주'라고 횟수를 나타내는 말을 빈도부사라고 해요.

〈명사+-ly〉는 형용사로 쓰여요.

love(사랑) – lovely(사랑스러운)
friend(친구) – friendly(다정한)

	always		나는 항상 아침을 먹는다.
	usually		나는 보통 아침을 먹는다.
I	often	eat breakfast.	나는 종종 아침을 먹는다.
	sometimes		나는 가끔 아침을 먹는다.
	never		나는 결코 아침을 먹지 않는다.

*빈도부사의 위치는 be동사 뒤나 일반동사 앞에 쓴다는 것에 주의하세요.

She (~~never is~~ / **is never**) late.   She (**always goes** / ~~goes always~~) to school.

골라 보면
문법이 저절로!

부사는 형용사나 동사 등을 꾸며주는 말이고, 빈도부사는
be동사 뒤, 일반동사 앞에 써요.

부사는 형용사나 동사를 꾸며줘요.

		부사 고르기	
1	It runs fast.	☐ runs	☑ fast
2	They study hard.	☐ study	☐ hard
3	He plays the piano easily.	☐ plays	☐ easily
4	He has breakfast early.	☐ has	☐ early
5	He drives his car carefully.	☐ drives	☐ carefully
6	She is a very clever woman.	☐ very	☐ clever

빈도부사는 be동사 뒤나 일반동사 앞에 써요.

		빈도부사 위치 고르기
1	The baby [ ] happy.	☐ always is ☑ is always
2	He [ ] spaghetti for us.	☐ often makes ☐ makes often
3	She [ ] coffee.	☐ sometimes drinks ☐ drinks sometimes
4	They [ ] late for class.	☐ never are ☐ are never
5	He [ ] TV at night.	☐ usually watches ☐ watches usually
6	It [ ] there.	☐ snows never ☐ never snows

79

1

너는 / 공부한다 / 열심히.

You study hard / hardly .

그녀는 / 공부한다 / 많이.

She studies a lot / much .

2

우리는 / 자전거를 탄다 / 빠르게.

We ride a bike fast / fastly .

우리는 / 자전거를 탄다 / 천천히.

We ride a bike slow / slowly .

3

나는 / 항상 본다 / TV를.

I always / often watch TV.

그는 / 주로 본다 / TV를.

He never / usually watches TV.

4

나는 / 전혀 먹지 않는다 / 샌드위치를.

I never / always have sandwiches.

수지는 / 종종 먹는다 / 샌드위치를.

Suji often / usually has sandwiches.

5

그는 / 가끔 ~(이)다 / 바쁜.

He is sometimes / sometimes is busy.

그녀는 / 결코 ~ 않다 / 바쁜.

She is never / never is busy.

6

그는 / 가끔 간다 / 수영하러.

He goes sometimes / sometimes goes swimming.

그녀는 / 종종 간다 / 수영하러.

She goes often / often goes swimming.

7

그들은 / 학교에 간다 / 일찍.

They go to school early / earlyly .

그들은 / 학교에 간다 / 늦게.

They go to school late / lately .

8

우리는 / 노래한다 / 잘.

We sing good / well .

그녀는 / 노래한다 / 아주 잘.

She sings very well / good .

↗ 부사가 다른 부사를 수식하기도 해요.

1 She speaks ~~slowly very~~. → She speaks very slowly.

2 We drive carefully very. →

3 They have usually lunch together. →

4 I hard study every day. →

5 My brother gets early up. →

6 He always is angry. →

7 She comes late home. →

8 He is late never for school. →

how + 형용사/부사 ~
문장공식

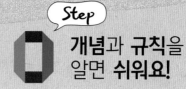
_____월_____일

1 의문사 how에 대해
알아봐요.

🔘 **how**는 '얼마나'와 같이 수량이나 정도를 묻거나 '어떻게'라고 상태를 물을 때
써요. how로 시작하는 의문문에 대한 대답은 형용사나 부사를 써서 말해요.

How
어때

is your day?
너의 하루는?

↳ 대답은 "Good.", "Not bad."처럼 형용사를 써서 해요.

2 <how+형용사/
부사>에 대해
알아봐요.

🔘 **how**만 쓸 때 의미는 어떻게 쓰이나요?

안부/상태를 물어볼 때	How is your mom? – She's fine.	엄마는 **어때**? –좋아요.
기타	How do you know that? How does it work? How does it happen?	그것은 **어떻게** 알았니? 그것은 **어떻게** 작동하니? **어떻게** 된 일이니?

🔘 〈**how**+형용사 / 부사〉는 어떻게 쓰이나요?

💡 how 뒤에 형용사나 부사가 오면 '얼마나'라는 뜻으로 쓰게 돼요.

How old	**How old** are you? – I'm 12 years old.	**몇 살**이니? –12살이야.
How much	**How much** is the book? – 10 dollars.	그 책은 **얼마**니? –10달러야.
How often	**How often** do you go there? – Once a week.	너는 거기에 **얼마나 자주** 가니? –일주일에 한 번.

*how often ~의 대답은 다음과 같이 해요.

once/twice a+기간	once a week(일주일에 한 번) twice a day(하루에 두 번)
횟수+times a+기간	three times a month(한 달에 세 번)

how old	나이	how tall	키	how often	횟수
how many	개수	how much	양, 가격	how long	길이, 기간
how far	거리	how big	크기	how heavy	무게

종종 how much와
how many는 명사와
함께 쓰이기도 해요.
How many **apples**
do you have?

〈how+형용사/부사〉는 형용사나 부사에 따라 의미가 달라져요.

형용사/부사 고르기

1 How [   ] is the whale? (크기)   ☑ big   ☐ much

2 How [   ] are you? (나이)   ☐ many   ☐ old

3 How [   ] does it live? (기간)   ☐ tall   ☐ long

4 How [   ] is the bank from here? (거리)   ☐ far   ☐ big

5 How [   ] money do you need? (양)   ☐ many   ☐ much

6 How [   ] does he go there? (횟수)   ☐ often   ☐ far

〈how+형용사/부사〉의 대답을 골라 봐요.

알맞은 대답 고르기

1 How old is Vicky?
☑ She is 15 years old.
☐ It's about one kilometer.

2 How tall is he?
☐ He is 165cm (tall).
☐ He is 12 years old.

3 How many books do you have?
☐ I have five books.
☐ I often read books.

4 How much are these pants?
☐ They are 35 dollars.
☐ I visit them once a week.

5 How often do you visit them?
☐ I visit them once a week.
☐ It's about one kilometer.

6 How far is the bank from here?
☐ I have five books.
☐ It's about one kilometer.

① often, do, how, you, play soccer, ?

문장 ➜ How often do you play soccer?

우리말 ➜ 너는 얼마나 자주 축구를 하니?

② spiders, many legs, have, do, how, ?

문장 ➜

우리말 ➜

③ much, how, you, do, love me, ?

문장 ➜

우리말 ➜

④ play tennis, how, do, often, you, ?

문장 ➜

우리말 ➜

⑤ far, how, is, from the Earth, the sun, ?

문장 ➜

우리말 ➜

⑥ live, how, do, long, butterflies, ?

문장 ➜

우리말 ➜

너는 키가 몇이니? (how tall, be)

1 → How tall are you?

교실에 얼마나 많은 학생들이 있니?(how many students, there are)

2 →

곰들은 얼마나 오래 사니? (how long, live)

3 →

네 여동생은 몇 살이니? (how old, be)

4 →

그 건물은 얼마나 높니? (how tall, the building, be)

5 →

너는 얼마나 많은 밀가루가 필요하니? (how much flour, need)

6 →

너는 얼마나 자주 거기에 가니? (how often, go there)

7 →

그 학교는 여기에서 얼마나 멀리 있니? (how far, from here)

8 →

1 다음 중 부사가 <u>아닌</u> 것은?

① easily   ② sadly   ③ kindly

④ friendly   ⑤ carefully

Note

2 다음 빈칸에 들어갈 말로 알맞은 것은?

The coffee is _____ hot.

① busy   ② very   ③ kind

④ angry   ⑤ hard

3 다음 중 형용사와 부사가 <u>잘못</u> 짝지어진 것은?

① good – well   ② fast – fastly   ③ slow – slowly

④ hard – hard   ⑤ happy – happily

4 다음 빈칸에 들어갈 말로 알맞은 것은?

A: _____ do you exercise?   B: Once a week.

① How often   ② How long   ③ How many

④ How far   ⑤ How tall

[5~6] 다음 빈칸에 공통으로 들어갈 알맞은 것을 고르시오.

5

• Jinsu sleeps _____ every day.   • She is often _____ for the meeting.

① late   ② hard   ③ high

④ nearly   ⑤ fast

6

• Cats don't live _____.   • She has _____ hair.

① fast   ② long   ③ deep

④ never   ⑤ almost

7 다음 문장 중 <u>어색한</u> 것은?

① There is little salt in the soup.

② There are much apples in the basket.

③ There is some water in the glass.

④ There is a little money in my pocket.

⑤ There are a lot of books in the library.

8 다음 밑줄 친 빈도부사의 위치가 <u>잘못된</u> 것은? (2개)

① He <u>always</u> is happy.

② He is <u>usually</u> angry.

③ Sue <u>sometimes</u> eats lunch late.

④ He <u>never</u> remembers his dream.

⑤ He plays <u>often</u> soccer after school.

[9~11] 다음 주어진 단어들을 이용하여 우리말을 영어로 옮기시오.

9 Mike는 보통 자전거로 학교에 간다. (go to school, by bike)

→ _____

10 그녀는 결코 아침을 먹지 않는다. (eat breakfast)

→ _____

11 가을에 바람이 많이 분다. (there is, in fall)

→ _____

12 다음 글에서 어법상 <u>어색한</u> 부분을 두 군데 찾아 바르게 고쳐 쓰시오.

Brian is a very careful person.
He works hardly at work.
He drives his car to work.
He drives carefully.
He drives never fast.

① _____ → _____
② _____ → _____

PART

6

조동사

Unit 1   눈이 올지도 몰라!

조동사 can, may

눈이 올지도 몰라.
먼저 오늘의 날씨를 찾아 볼까?

It *may* snow here.

➕ 단어 미리 Check Up

be tired	☐ 피곤한	☑ 피곤하다
run fast	☐ 느리게 달리다	☐ 빨리 달리다
join the club	☐ 동아리에 들다	☐ 동아리를 만들다
be here	☐ 여기에 가다	☐ 여기에 있다
play the piano	☐ 피아노를 연주하다	☐ 바이올린을 연주하다
close the door	☐ 문을 닫다	☐ 창문을 닫다

정답 피곤하다 / 빨리 달리다 / 동아리에 들다 /
여기에 있다 / 피아노를 연주하다 / 문을 닫다

조동사 must, have to

미안하지만 지금은 못 놀겠어.
해야 할 숙제가 너무 많거든.

I *have to* do my homework.

➕ 단어 미리 Check Up

a red light	☐ 빨간불	☐ 가로등
get up	☐ 일어나다	☐ 나가다
vegetable	☐ 과일	☐ 채소
stay home	☐ 집에 머무르다	☐ 집에 가다
be quiet	☐ 조용하다	☐ 조용한
see a doctor	☐ 병원에 가다	☐ 의사가 되다

조동사의 부정문, 의문문

저보고 피아노 연주를 해보라고요?
전 피아노 칠 줄 모르는데요. ^^;

I *can't* play the piano.

➕ 단어 미리 Check Up

hurry up	☐ 서두르다	☐ 침착하다
take a bus	☐ 버스를 잡다	☐ 버스를 타다
drive a car	☐ 운전하다	☐ 차를 타다
take a photo	☐ 그림을 그리다	☐ 사진을 찍다
wait for him	☐ 그를 기다리다	☐ 그가 기다리다
water	☐ 물을 주다	☐ 먹이를 주다

정답 빨간불 / 일어나다 / 채소 / 집에 머무르다 / 조용하다 / 병원에 가다

정답 서두르다 / 버스를 타다 / 운전하다 / 사진을 찍다 / 그를 기다리다 / 물을 주다

UNIT
01

조동사
can, may 공식

Step
0

개념과 규칙을
알면 쉬워요!

_____월_____일

1 조동사가 무엇인지
알아봐요.

💡 조동사는 동사와 함께 써서 동사를 도와 그 의미를 더해 주는 말이에요.

He makes cookies.
그는 만든다 쿠키들을.

He can make cookies.
그는 만들 수 있다 쿠키들을.

능력을 나타내는 조동사

동사의 의미를
더 풍성하게
만들어 주는게
조동사구나!

2 조동사의 특징과
can, may에 대해
알아봐요.

💡 조동사는 어떤 특징이 있나요?

〈조동사＋동사원형〉의 순서로 씀.	He ~~drive can~~ can drive a car.
조동사 뒤에는 항상 동사원형을 씀.	She can ~~plays~~ play the piano.
am, is, are는 조동사 다음에 be로 씀.	You can be here.

*조동사는 두 개를 함께 쓰지 않아요.

He ~~may can~~ can run fast. (그는 빨리 달릴 수 있다.)

💡 조동사 can과 may는 어떤 의미로 쓰일까요?

(1) can의 의미

능력	~할 수 있다	She can speak Korean.	그녀는 한국어를 말할 수 있다.
허락, 요청	~해도 좋다	You can go home. Can I go home?	너는 집에 가도 좋다. 제가 집에 가도 되나요?

(2) may의 의미

추측	~일지도 모른다	He may be tired.	그는 피곤할지 모른다.
허락	~해도 좋다	You may sit down.	너는 여기 앉아도 좋다.

*허락이나 요청에 대한 대답은 다음과 같이 해요.

허락/요청		긍정의 대답	부정의 대답
Can May	I close the door? 내가 문을 닫아도 되니?	Of course. / Sure. / Yes, you can(may).	No, you can't(may not). / I'm sorry, but you can't.

요청을 할 때
Can I ~?에 대한 대답은
Yes, you can. /
No, you can't. 로
해요.

1 골라 보면 문법이 저절로!

조동사 뒤에는 항상 동사원형이 와요. 조동사 can과 may의 특징과 의미를 살펴 봐요.

조동사 뒤에는 동사원형이 오고 다른 조동사와 함께 쓰지 않아요.

알맞은 형태 고르기

1 We ☐ well.

☑ can skate
☐ skate can

2 She ☐ four languages.

☐ can speak
☐ can speaks

3 This ☐ hers.

☐ may is
☐ may be

4 You ☐ down.

☐ may can sit
☐ may sit

5 You ☐ the book club.

☐ may join
☐ may joins

6 My dog ☐ .

☐ can swim
☐ can to swim

조동사 can과 may의 의미를 구별해 봐요.

조동사의 의미 고르기

1 He **can** play the guitar.

☑ 능력　☐ 요청

2 **Can** I help you?

☐ 능력　☐ 요청

3 You **can** go outside with your friends.

☐ 능력　☐ 허락

4 **May** I use your umbrella?

☐ 추측　☐ 요청

5 He **may** be a teacher.

☐ 추측　☐ 허락

6 It **may** rain tomorrow.

☐ 추측　☐ 허락

① can, she, fast, run

문장 → She can run fast.

우리말 → 그녀는 빨리 달릴 수 있다.

② wear, may, my hat, you

문장 →

우리말 →

③ can, pictures, draw, he

문장 →

우리말 →

④ may, Jeremy, be, tired

문장 →

우리말 →

⑤ swim, may, here, I, ?

문장 →

우리말 →

⑥ go shopping, can, I, with you, ?

문장 →

우리말 →

그녀는 쿠키를 만들 수 있다. (make cookies, can)

1 → **She can make cookies.**

그는 피아노를 칠 수 있다. (play the piano, can)

2 →

너는 나와 함께 여기에 머물러도 좋다. (stay here with me, may)

3 →

그것은 사실일지도 모른다. (be true, may)

4 →

내일 눈이 올지도 모른다. (snow tomorrow, may)

5 →

나는 프랑스어를 말할 수 있다. (speak French, can)

6 →

내가 네 휴대 전화를 사용해도 되니? (use your cell phone, may)

7 →

내 아들은 영어책을 읽을 수 있다. (read English books, can)

8 →

UNIT
02
조동사
must, have to,
should 공식

Step
0
개념과 규칙을
알면 쉬워요!

_____월 _____일

1 의무나 충고를
나타내는 조동사를
알아봐요.

☑ 조동사 **must**와 **have[has] to**는 '~해야 한다'는 **의무**를 나타내고, **should**는
'~하는 게 좋겠다'라는 **충고**를 나타내요.

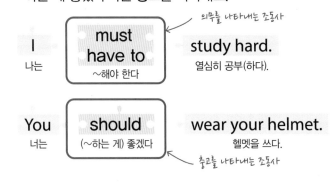

I
나는

must
have to
~해야 한다

의무를 나타내는 조동사

study hard.
열심히 공부(하다).

You
너는

should
(~하는 게) 좋겠다

wear your helmet.
헬멧을 쓰다.

충고를 나타내는 조동사

2 조동사 must,
have to, should를
알아봐요.

✏ 조동사 **must**와 **have[has] to**는 어떤 의미로 쓰일까요?

(1) must의 의미

책임/의무	~해야 한다	You must stop at a red light. You must go home now.	너는 빨간불에 멈춰야 한다. 너는 지금 집에 가야 한다.

*'~해야 한다'의 must는 주로 법이나 규칙을 나타낼 때 써요.

(2) have[has] to의 의미

의무	~해야 한다	I have to go there. I have to feed my cat.	나는 거기에 가야 한다. 나는 내 고양이에게 먹이를 줘야 한다.

*have to는 주어가 3인칭일 때 has to로 써요.

He (have to / **has to**) clean his room. (그는 그의 방을 청소해야 한다.)

✏ 조동사 **should**는 어떤 의미로 쓰일까요?

💡 should는 의무의 뜻이지만 충고할 때 써요.

충고	~하는 게 좋겠다	You should get up early. She should eat vegetables.	너는 일찍 일어나는 게 좋겠다. 그녀는 채소를 먹는 게 좋겠다.

*should는 종종 I think와 같이 쓰여요.

I think you **should** stay home. (내 생각에는 너는 집에 있는 게 좋겠다.)

조동사 must는
has to나 have to로
바꿔쓸 수 있어요!

조동사 must, should, have[has] to의 쓰임을 구별해 봐요.

조동사 고르기

1 We [   ] the door. (잠가야 한다)

☑ must lock
☐ has to lock

2 You [   ] careful. (~하는 게 좋겠다)

☐ has to be
☐ should be

3 He [   ] stay home. (머물러야 한다)

☐ has to
☐ have to

4 She [   ] go now. (가야 한다)

☐ must
☐ have to

5 Minsu [   ] call her. (전화를 해야 한다)

☐ has to
☐ have to

6 I [   ] clean my room. (청소해야 한다)

☐ must be
☐ have to

조동사의 특징에 맞게 고쳐 봐요.

틀린 부분 고치기

1 You must <u>are</u> quiet.

[are] → [be]

2 They <u>has to</u> wear a hat.

[   ] → [   ]

3 She <u>have to</u> take a rest.

[   ] → [   ]

4 He must <u>gets</u> there by 5.

[   ] → [   ]

5 You must <u>watching</u> the movie.

[   ] → [   ]

6 We <u>should to</u> save money.

[   ] → [   ]

1 must, you, stay, home

문장 ➜ You must stay home.

우리말 ➜ 너는 집에 있어야 한다.

2 should, you, eat, vegetables

문장 ➜

우리말 ➜

3 to school, he, go, must

문장 ➜

우리말 ➜

4 slowly, should, you, drive

문장 ➜

우리말 ➜

5 has to, study, he, hard

문장 ➜

우리말 ➜

6 you, see, a doctor, should

문장 ➜

우리말 ➜

전체를 써보면 문장이 저절로!

조동사 문장의 형태에 맞게 주어진 단어를 이용하여 우리말에 맞는 문장을 써보세요.

나는 지금 학교에 가야 한다. (have to, go to school, now)

1 → I have to go to school now.

우리는 손을 씻는 게 좋겠다. (should, wash our hands)

2 →

그는 숙제를 해야 한다. (have to, do his homework)

3 →

너는 앉는 게 좋겠다. (should, sit down)

4 →

너는 지금 떠나야 한다. (must, leave now)

5 →

그녀는 여기에 머물러야 한다. (have to, stay here)

6 →

너는 그에게 전화하는 게 좋겠다. (should, call him)

7 →

너는 그 책을 읽어야 한다. (must, read the book)

8 →

_____월_____일

1 조동사의 부정문과 의문문을 알아봐요.

✏️ **조동사의 부정문과 의문문의 형태는 다음과 같아요.**

부정문 〉	조동사+not

의문문 〉	조동사+주어+동사원형~?

2 조동사의 부정문과 의문문의 형태를 알아봐요.

✏️ **조동사의 부정문은 어떤 형태일까요?**

💡 조동사의 부정문은 조동사 다음에 **not**을 써요.

긍정문 〉	He 그는	can speak 말할 수 있다	English. 영어를.

부정문 〉	He 그는	**cannot** speak 말할 수 없다	English. 영어를.

He	cannot(=can't)	open the door.	그는 문을 **열 수 없다.**
	may not		그는 문을 열어서는 **안 된다.**
	must not		그는 문을 열어서는 **안 된다.**
	should not		그는 문을 열지 **말아야 한다.**

*have to의 부정문은 don't[doesn't] have to로 쓰고, '~할 필요가 없다'라는 의미가 돼요.

You **don't have to** worry. (너는 걱정할 필요가 없다.)

She **doesn't have to** go to school today. (그녀는 오늘 학교에 갈 필요가 없다.)

✏️ **조동사의 의문문은 어떤 형태일까요?**

💡 조동사의 의문문은 조동사와 주어의 위치를 바꾸고 마지막에 물음표(?)를 써요.

긍정문 〉		They 그들은	can 말할 수 있다	speak	English. 영어를.

의문문 〉	**Can** they 그들은 말할 수 있니	speak	English? 영어를?

조동사가 문장 앞으로 나와요.

조동사의 의문문에 대한 대답은 다음과 같이 해요!

Yes, 주어+조동사.
No, 주어+조동사+not.

*have to의 의문문은 Do[Does]를 주어 앞에 쓰고, 뒤에는 〈have to+동사원형〉을 써요.

Does he **have to** do his homework? (그는 숙제를 해야 하니?)

조동사의 부정문과 의문문의 의미를 구별해 봐요.

**조동사의 부정문과
의문문의 의미** 고르기

1 He <u>cannot</u> play the piano.

☑ ~할 수 없다
☐ ~할 필요가 없다

2 It <u>may not</u> be true.

☐ ~ 아닐지도 모른다
☐ ~해서는 안 된다

3 You <u>must not</u> be late.

☐ ~할 필요가 없다
☐ ~해서는 안 된다

4 You <u>don't have to</u> hurry up.

☐ ~할 필요가 없다
☐ ~해서는 안 된다

5 You <u>should not</u> eat here.

☐ ~할 수 있니?
☐ ~하지 않는 게 좋겠다

6 <u>Can</u> I use your computer?

☐ ~할 수 없다
☐ ~해도 되니?

조동사의 부정문과 의문문 형태에 맞게 고쳐 봐요.

틀린 부분 고치기

1 <u>Can</u> we have to be quiet?

Can → Do

2 They <u>doesn't</u> have to go there.

☐ → ☐

3 Can <u>jump it</u>?

☐ → ☐

4 He doesn't <u>has</u> to meet Bruno.

☐ → ☐

5 <u>She can</u> make cookies?

☐ → ☐

6 You <u>not should</u> watch too much TV.

☐ → ☐

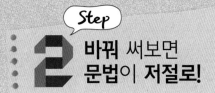
1

He can make a sandwich.

부정문 ➔ He cannot(=can't) make a sandwich.

의문문 ➔ Can he make a sandwich?

2

You have to come to my house.

부정문 ➔

의문문 ➔

3

I should take a bus.

부정문 ➔

의문문 ➔

4

She must do her homework.

부정문 ➔

의문문 ➔

5

He has to go to school today.

부정문 ➔

의문문 ➔

6

She can drive a car.

부정문 ➔

의문문 ➔

나는 스키를 잘 타지 못한다. (can, ski well)

1 → I cannot(=can't) ski well.

오늘 비가 오지 않을지도 모른다. (may, rain, today)

2 →

그는 피아노를 칠 수 있니? (can, play the piano)

3 →

너는 빨리 운전해서는 안 된다. (must, drive fast)

4 →

너는 그를 기다릴 필요가 없다. (have to, wait for him)

5 →

너는 여기서 사진을 찍으면 안 된다. (must, take a photo here)

6 →

우리가 지금 떠나는 게 좋겠니? (should, leave now)

7 →

내가 그 꽃들에 물을 줘야 하니? (have to, water the flowers)

8 →

[1~3] 다음 빈칸에 들어갈 알맞은 말을 고르시오.

Note

1

> You _____ drive fast here.

① isn't   ② not can   ③ doesn't
④ have not to   ⑤ must not

2

> You _____ do your homework now.

① has to   ② have to   ③ have
④ have not to   ⑤ doesn't have to

3

> Kevin _____ go to school today.

① has not   ② have to   ③ doesn't have
④ don't have to   ⑤ doesn't have to

[4~5] 다음 빈칸에 들어갈 말로 짝지어진 것을 고르시오.

4

> • _____ you show me the camera?
> • _____ I speak to Mary?

① Does – May   ② Can – May   ③ Must – Can
④ May – Does   ⑤ Must – May

5

> • A: Mom, may I invite Jeremy to dinner?
>   B: Yes, you _____.
> • A: Can I go to school by motorcycle?
>   B: No, you _____.

① may – can   ② can – can   ③ may not – may
④ may – can't   ⑤ may – aren't

6 다음 중 어법상 <u>틀린</u> 문장인 것은?

① She musts leave now.

② I don't have to go there.

③ Should I wash my hands?

④ You should not run in the hall.

⑤ We have to save the wild animals.

Note

서술형 문제

[7~8] 다음 지시에 따라 문장을 바꿔 쓰시오.

7 You should wear a school uniform. (부정문)

→ _____

8 We have to go to school on Sunday. (의문문)

→ _____

[9~10] 우리말과 같은 뜻이 되도록 주어진 단어들을 활용해 문장을 완성하시오.

9

너는 지금 TV를 시청해도 좋다. (may, watch, now)

→ _____

10

우리는 플라스틱을 재활용하는 게 좋겠다. (should, recycle, plastics)

→ _____

11 우리말과 같은 뜻이 되도록 다음 빈칸에 들어갈 알맞은 말을 쓰시오.

우리는 새 피아노를 살 필요가 없다.

→ We don't _____ buy a new piano.

PART 7

의문사

Unit 1 넌 누구냐?

의문사 who, what

어맛, 깜짝이야~
넌 누구니?
Who are you?

단어 미리 Check Up

job	✔ 직업	☐ 숙제
plane	☐ 조종사	☐ 비행기
favorite	☐ 가장 좋아하는	☐ 좋아하는
help	☐ 돕다	☐ 원하다
miss	☐ 만나다	☐ 그리워하다
know	☐ 알다	☐ 모르다

정답 직업 / 비행기 / 가장 좋아하는 / 돕다 / 그리워하다 / 알다

Unit 2   꼭꼭 숨어라, 머리카락 보인다!

의문사 when, where

꼭꼭 숨어라, 머리카락 보인다.
너 어디에 있니?

Where are you?

➕ 단어 미리 Check Up

start	☐ 시작하다	☐ 끝나다
by bus	☐ 버스로	☐ 버스 다음
weather	☐ 날씨	☐ 계절
have dinner	☐ 저녁 먹다	☐ 저녁을 준비하다
class	☐ 교실	☐ 수업
under	☐ 아래에	☐ 위에

정답 시작하다 / 버스로 / 날씨 / 저녁 먹다 / 수업 / 아래에

Unit 3   어떻게 친구가 되었지?

의문사 의문문 공식

내 친구 토순이는 사랑스러워.
네 친구는 어때?

How is your friend?

➕ 단어 미리 Check Up

come back	☐ 돌아오다	☐ 돌아가다
favorite	☐ 가장 좋아하는	☐ 좋아하는
parents	☐ 조부모	☐ 부모
bookstore	☐ 서점	☐ 가게
birthday	☐ 명절	☐ 생일
best friend	☐ 가장 친한 친구	☐ 형제

정답 돌아오다 / 가장 좋아하는 / 부모 / 서점 / 생일 / 가장 친한 친구

UNIT 01

의문사
who, what 공식

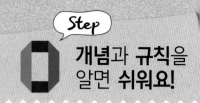
Step
0
개념과 규칙을
알면 쉬워요!

_____월 _____일

1 의문사가 무엇인지 알아봐요.

● 의문사는 '누가, 무엇을, 어디서, 어떻게, 언제, 왜' 등 자세한 정보를 물어볼 때 쓰는 말이에요.

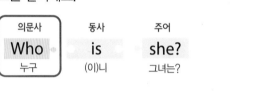

의문사	동사	주어
Who	**is**	**she?**
누구	(이)니	그녀는?

> 의문사는 문장의 맨 앞에 와요.

2 의문사 who와 what의 쓰임을 알아봐요.

● 의문사 who는 언제 쓸까요?

◉ 사람에 대해 물어볼 때 쓰며, '누가, 누구를'이라는 뜻이에요.

Who do you like? ← I like Paul.
누구를   Paul을

Who is the girl?	그 소녀는 누구니?
Who do you like?	너는 누구를 좋아하니?

*who로 물어보는 의문문에 대한 대답은 사람으로 해요.

A: **Who** is she? (그녀는 누구니?)
B: She is **my sister**. (그녀는 내 여동생이야.)

● 의문사 what은 언제 쓸까요?

◉ 무엇인지 물어볼 때 쓰며, '무엇이, 무엇을'이라는 뜻이에요.

What is your phone number? → It is 973-1856.
무엇   전화번호

What is this?	이것은 무엇이니?
What do you like?	너는 무엇을 좋아하니?

*what으로 물어보는 의문문에 대한 대답은 일이나 사건, 사물 등으로 해요.

A: **What** is this? (이것은 무엇이니?)
B: It is **a plane**. (그것은 비행기야.)

> 의문사로 물어보는 의문문에 대한 대답은 yes나 no로 하지 않아요.

who는 '누가, 누구를', what은 '무엇이, 무엇을'이라는 뜻이에요.

의문사 고르기

1	그는 누구니?	(Who) / What **is he?**
2	그의 직업은 무엇이니?	Who / What **is his job?**
3	너는 누구를 만나니?	Who / What **do you meet?**
4	그것은 무엇이니?	Who / What **is it?**
5	누가 너의 엄마니?	Who / What **is your mom?**
6	너는 무엇이 필요하니?	Who / What **do you need?**

사람에 대해 물어볼 때는 who, 사물일 때는 what을 써요.

의문사 고르기

1	_____ **is your name?**	☐ Who ☑ What
2	_____ **is your favorite singer?**	☐ Who ☐ What
3	_____ **is your cell phone number?**	☐ Who ☐ What
4	_____ **is your sister?**	☐ Who ☐ What
5	_____ **gets up early?**	☐ Who ☐ What
6	_____ **do you read?**	☐ Who ☐ What

Step
2 비교해 써보면
문법이 저절로!

구체적으로 묻고 있는 대상이 사람인지 사물인지 비교해
보며 의문사 who와 what 중 알맞은 것을 골라 써보세요.

1

누구 / (이)니 / 그는?

A: [Who] is he?
B: He is my brother.

무엇 / 이니 / 그의 직업은?

A: [What] is his job?
B: His job is a teacher.

2

누구를 / 너는 / 만나니?

A: [   ] do you meet?
B: I meet Jinsu.

무엇을 / 너는 / 원하니?

A: [   ] do you want?
B: I want some water.

3

누구 / (이)니 / 그들은?

A: [   ] are they?
B: They are my friends.

무엇 / 이니 / 그것들은?

A: [   ] are they?
B: They are my notebooks.

4

누구를 / 너는 / 돕니?

A: [   ] do you help?
B: I help Jinsu.

무엇을 / 너는 / 필요로 하니?

A: [   ] do you need?
B: I need two eggs.

5

무엇 / 이니 / 네가 가장 좋아하는 노래는?

A: [   ] is your favorite song?
B: It is "Rain."

누구 / (이)니 / 네가 가장 좋아하는 가수는?

A: [   ] is your favorite singer?
B: It is James Morrison.

6

무엇을 / 너는 / 아니?

A: [   ] do you know?
B: I know about Jeremy.

누구를 / 너는 / 아니?

A: [   ] do you know?
B: I know Jeremy.

너는 무엇을 원하니? (do, want, you)

1 → What do you want?

그는 누구를 돕니? (does, help, he)

2 →

그녀는 무엇을 읽니? (does, read, she)

3 →

네가 가장 좋아하는 음식은 무엇이니? (is, your favorite food)

4 →

누가 그의 아버지니? (is, his father)

5 →

너는 무엇을 공부하니? (do, study, you)

6 →

너는 무엇을 마시니? (do, drink, you)

7 →

너는 누구를 그리워하니? (do, miss, you)

8 →

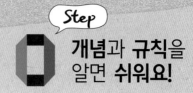

_____월 _____일

1 의문부사에 대해 알아봐요.

✏ 의문사 중 '언제, 어디서, 어떻게, 왜'라고 물어볼 때 쓰는 것을 **의문부사**라고 해요.

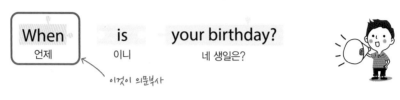

When	is	your birthday?
언제	이니	네 생일은?

↙ 이것이 의문부사

2 때/장소/방법/이유를 물어보는 의문사를 알아봐요.

✏ 때와 장소를 물어보는 의문사는 무엇일까요?

(1)
때를 묻는 의문사 when(언제)	
When is Christmas?	크리스마스는 언제니?
When do you get up?	너는 언제 일어나니?

*when으로 물어보는 의문문에 대한 대답은 날짜나 시간으로 해요.

　A: **When** do you get up? (너는 언제 일어나니?)　B: I get up **at 8**. (나는 8시에 일어나.)

(2)
장소를 묻는 의문사 where(어디에)	
Where are you?	너는 어디에 있니?
Where do you live?	너는 어디에 사니?

*where로 물어보는 의문문에 대한 대답은 장소로 해요.

　A: **Where** are you? (너는 어디에 있니?)　B: I'm **in the classroom**. (나는 교실에 있어.)

✏ 상태, 방법과 이유를 물어보는 의문사는 무엇일까요?

(1)
상태나 방법을 묻는 의문사 how(어떤, 어떻게)	
How is the pie?	그 파이는 어때?
How do you get there?	너는 어떻게 거기에 가니?

*how에 대한 대답은 상태나 방법을 설명하는 말로 해요.

　A: **How** is the pie? (파이는 어때?)　B: It is **so good**. (너무 좋아.)

(2)
이유를 묻는 의문사 why(왜)	
Why are you sad?	너는 왜 슬퍼하니?
Why do you go there?	너는 왜 거기에 가니?

*why에 대한 대답은 주로 because를 사용해요.

　A: **Why** are you sad? (너는 왜 슬퍼하니?)
　B: **Because** my dog is sick. (내 개가 아프기 때문이야.)

배운 내용을 정리해 봐요.

when 언제	where 어디에
how 어떻게	why 왜

의미에 맞게 의문사를 골라 봐요.

<table>
<tr><td></td><td></td><td>의문사 고르기</td></tr>
</table>

1 너는 왜 여기에 있니?

(Why)/ What are you here?

2 그 집은 어때?

How / Why is the house?

3 그 영화는 언제 시작하니?

Why / When does the movie start?

4 그들은 어디에 사니?

When / Where do they live?

5 너는 왜 슬프니?

Why / When are you sad?

6 너는 언제 학교에 가니?

Why / When do you go to school?

의문사의 의미를 써보세요.

의문사의 의미 쓰기

1 How are your parents doing?

→ 네 부모님은 어떻게 지내시니?

2 Where are you?

→ 너는 [   ] 있니?

3 Why do you hate him?

→ 너는 [   ] 그를 미워하니?

4 When does it start?

→ 그것은 [   ] 시작하니?

5 How do you get there?

→ 너는 [   ] 거기에 가니?

6 When does the store open?

→ 그 상점은 [   ] 문을 여니?

1

어떠 / (하)니 / 오늘 날씨가?

A: [How] is the weather today?
B: It's rainy and cold.

어떻게 / 너는 가니 / 학교에?

A: [How] do you go to school?
B: I go there by bus.

2

어디에 / 있니 / 서점은?

A: [   ] is the bookstore?
B: It is next to the bakery.

어디에 / 그는 사니?

A: [   ] does he live?
B: He lives in New York.

3

왜 / 너는 좋아하니 / 그녀를?

A: [   ] do you like her?
B: Because she is pretty.

왜 / 그는 위대하니?

A: [   ] is he great?
B: Because he helps poor people.

4

언제 / (이)니 / 네 생일은?

A: [   ] is your birthday?
B: It is May 1st.

언제 / 너는 공부하니?

A: [   ] do you study?
B: I study after dinner.

5

어디 / 너는 출신이니?

A: [   ] are you from?
B: I'm from France.

어디에서 / 그 개는 자니?

A: [   ] does the dog sleep?
B: It sleeps under the desk.

6

언제 / 너는 일어나니?

A: [   ] do you get up?
B: I get up at 7:30.

언제 / (이)니 / 크리스마스는?

A: [   ] is Christmas?
B: It is December 25th.

너는 언제 숙제를 하니? (do your homework)

1 → When do you do your homework?

너는 왜 피아노를 치니? (play the piano)

2 →

너는 언제 저녁을 먹니? (have dinner)

3 →

너는 왜 여름을 좋아하니? (like summer)

4 →

너는 어디에서 수영하니? (swim)

5 →

너는 언제 집에 돌아오니? (come back home)

6 →

너는 어떻게 학교에 가니? (go to school)

7 →

수업은 언제 시작하니? (the class start)

8 →

의문사 의문문 공식

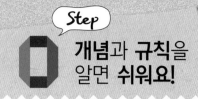

_____월_____일

1 의문사 의문문을 알아봐요.

✏ **의문사 의문문의 형태**는 다음과 같아요.

be동사가 있는 경우 > 의문사+be동사+주어 ~?	의문사 be동사 주어 Who is she?
일반동사가 있는 경우 > 의문사+do[does]+주어+동사원형 ~?	의문사 do/does 주어 동사원형 Who do you like?

2 의문사 의문문의 두 가지 형태를 알아봐요.

✏ **be동사가 있는 의문사 의문문**은 어떻게 쓸까요?

💡 be동사가 있는 의문사 의문문은 〈의문사+be동사+주어 ~?〉로 써요.

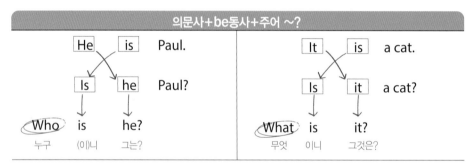

의문사+be동사+주어 ~?
He is Paul. Is he Paul? Who is he? 누구 (이)니 그는?	It is a cat. Is it a cat? What is it? 무엇 이니 그것은?

*의문사 다음에 바로 be동사가 오는 것에 주의해요.

✏ **일반동사가 있는 의문사 의문문**은 어떻게 쓸까요?

💡 일반동사가 있는 의문사 의문문은 〈의문사+do[does]+주어+동사원형 ~?〉으로 써요.

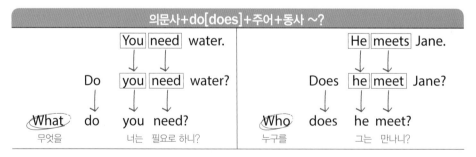

의문사+do[does]+주어+동사 ~?
You need water. Do you need water? What do you need? 무엇을 너는 필요로 하니?	He meets Jane. Does he meet Jane? Who does he meet? 누구를 그는 만나니?

*주어가 3인칭 단수일 때 do 대신 does를 써요.

When **does** he get up? (그는 언제 일어나니?)
How **does** she get there? (그녀는 어떻게 거기에 가니?)

의문사 의문문은 be동사와 일반동사의 의문문의 맨 앞에 의문사를 쓴다는 것에 주의해요.

〈의문사+be동사+주어 ～?〉를 구별해 봐요.

be동사 고르기

1 How [   ] your parents?

☐ is   ☑ are

2 Where [   ] you from?

☐ is   ☐ are

3 What [   ] your favorite song?

☐ is   ☐ are

4 Who [   ] the boys?

☐ is   ☐ are

5 When [   ] your birthday?

☐ is   ☐ are

6 Where [   ] the bookstore?

☐ is   ☐ are

〈의문사+do[does]+주어+동사원형 ～?〉을 구별해 봐요.

do/does 고르기

1 Where [   ] he live?

☐ do   ☑ does

2 When [   ] you go to school?

☐ do   ☐ does

3 Where [   ] the dog sleep?

☐ do   ☐ does

4 Who [   ] you meet?

☐ do   ☐ does

5 What [   ] you want?

☐ do   ☐ does

6 When [   ] it start?

☐ do   ☐ does

① does, where, Suji, live, ?

문장 ➔ Where does Suji live?

우리말 ➔ 수지는 어디에 사니?

② is, your best friend, who, ?

문장 ➔

우리말 ➔

③ the Han River, start, does, where, ?

문장 ➔

우리말 ➔

④ to school, go, do, how, you, ?

문장 ➔

우리말 ➔

⑤ does, what, do, he, at the store, ?

문장 ➔

우리말 ➔

⑥ she, see, why, a doctor, does, ?

문장 ➔

우리말 ➔

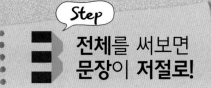
너는 어떻게 학교에 가니? (go to school)

1 → How do you go to school?

그녀는 어떻게 학교에 가니? (go to school)

2 →

너는 동물원에서 무엇을 보니? (see at the zoo)

3 →

그는 동물원에서 무엇을 보니? (see at the zoo)

4 →

너는 언제 돌아오니? (come back)

5 →

Molly는 언제 돌아오니? (come back)

6 →

너는 왜 고양이를 좋아하니? (like cats)

7 →

Jeremy는 왜 고양이를 좋아하니? (like cats)

8 →

[1~3] 다음 대화의 빈칸에 알맞은 것을 고르시오.

1
> A: _____ is her birthday?
> B: It is April 5th.

① When   ② How   ③ Why
④ Where   ⑤ What

2
> A: _____ do you want?
> B: I want some juice.

① How   ② Why   ③ What
④ When   ⑤ Where

3
> A: _____ do you live?
> B: I live in New York.

① Who   ② Where   ③ What
④ How   ⑤ When

4 다음 빈칸에 들어갈 말로 짝지어진 것은?

> • _____ are you so happy?
> • _____ is your favorite singer?

① How – Why   ② Why – Who   ③ Who – What
④ Where – How   ⑤ When – Where

5 다음 중 어법상 어색한 것은?

① Why are you sad?
② Who is your brother?
③ When do the movie start?
④ Where is your friend's home?
⑤ Where do you play basketball?

Note

6 다음 중 짝지어진 대화가 <u>어색한</u> 것은?

① A: Why do you like him?
   B: Because he is handsome.
② A: What is the date today?
   B: It's June 21st.
③ A: How do you go to school?
   B: I go to school by bike.
④ A: Where are your sunglasses?
   B: They are my sunglasses.
⑤ A: When do you usually have breakfast?
   B: At 7.

[7~8] 다음 주어진 응답의 밑줄 친 부분을 묻는 의문문을 쓰시오.

7
A: _____
B: I take a nap <u>at noon</u>.

8
A: _____
B: She comes home <u>by bus</u>.

9 다음 빈칸에 알맞은 의문사를 넣어 대화를 완성하시오.

A: _____ are you from?
B: I'm from India. But I live in Seoul.
A: _____ do you live in Seoul?
B: Because my father's office is in Seoul.
A: _____ do you go to school?
B: At 8.
A: _____ is your favorite subject?
B: I like science most.

PART

8

전치사

Unit 1 저 책 밑에 있어요!

장소 전치사

저 책 밑에 있어요
날 꺼내 줘, 아니 구해줘.

I'm under the book.

☼ 단어 미리 Check Up

behind	☐ 앞에	☑ 뒤에
in front of	☐ 앞에	☐ 뒤에
next to	☐ 옆에	☐ 위에
chair	☐ 의자	☐ 탁자
bank	☐ 은행	☐ 시계
ceiling	☐ 벽	☐ 천장

정답 뒤에 / 앞에 / 옆에 / 의자 / 은행 / 천장

시간 전치사

야호, 멀리 여행을 떠나요!
아침에 일찍 출발해요.

We leave early *in the morning*.

방향 전치사

의자가 다 찼네.
이 근처에 빈 자리가 없나?

Is there any seat *around here*?

➕ 단어 미리 Check-up

at noon	☐ 한밤중에	☐ 정오에
vacation	☐ 방학	☐ 학기
midnight	☐ 자정	☐ 정오
go shopping	☐ 쇼핑을 하러 가다	☐ 장을 보러 가다
until tomorrow	☐ 내일까지	☐ 내일에
for three days	☐ 3일 안에	☐ 3일 동안

➕ 단어 미리 Check-up

from Paris to London	☐ 파리와 런던 사이	☐ 파리에서 런던까지
along the beach	☐ 해변 근처에	☐ 해변을 따라
drive to Busan	☐ 부산으로 운전하다	☐ 부산에서 운전하다
fall from the sky	☐ 하늘로 떨어지다	☐ 하늘에서 떨어지다
leave for school	☐ 학교로 출발하다	☐ 학교에서 출발하다
through the village	☐ 마을 옆에	☐ 마을을 통과해서

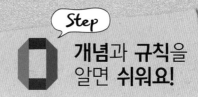
_____월 _____일

1 장소 전치사가 무엇인지 알아봐요.

⚫ 장소 전치사는 '~ 안에, ~ 위에, ~ 사이에, ~ 아래' 등과 같이 장소를 나타낼 때 쓰는 말이에요.

장소 전치사	in	~ 안에
장소 전치사구	in the library	도서관 안에

전치사구는 〈전치사＋명사〉를 말해요.

He	is	**in the library.**
그는	있다	도서관 안에.

← 이것이 전치사구

2 장소 전치사를 알아봐요.

⚫ 장소 전치사에는 무엇이 있나요?

◉ 장소를 나타내는 전치사에는 **in, on, at, under, next to** 등이 있고, 장소의 크기와 위치에 따라 달라져요.

[장소의 크기에 따른 전치사]

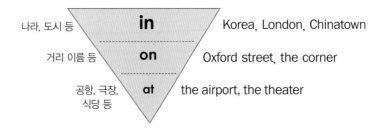

나라, 도시 등	**in**	Korea, London, Chinatown
거리 이름 등	**on**	Oxford street, the corner
공항, 극장, 식당 등	**at**	the airport, the theater

[장소의 위치에 따른 전치사]

장소 전치사를 정리해 봐요.

at	좁은 장소 (~에)	at the bus stop
on	표면에 접촉한 상태 (~(위)에)	on the wall, on the second floor
in	넓은 장소 (~(안)에)	in Korea, in the basket

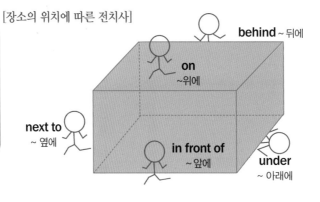

behind ~ 뒤에
on ~위에
next to ~ 옆에
in front of ~ 앞에
under ~ 아래에

be동사＋장소 전치사 : ~에 있다

The ball **is in** the box. (그 공은 상자 안에 있다.)
The ball **is on** the box. (그 공은 상자 위에 있다.)
The ball **is next to** the box. (그 공은 상자 옆에 있다.)

장소의 크기에 따라 in, on, at을 골라 봐요.

장소 전치사 고르기

1 He lives [   ]. 그는 런던에 산다.

☑ in London
☐ at London

2 Many people are [   ]. 많은 사람들이 거리에 있다.

☐ at the street
☐ on the street

3 We work [   ]. 우리는 공항에서 일한다.

☐ at the airport
☐ for the airport

4 He should be [   ]. 그는 집에 있어야 한다.

☐ at home
☐ on home

5 The Eiffel Tower is [   ]. 에펠타워는 파리에 있다.

☐ on Paris
☐ in Paris

장소의 위치에 따라 on, behind, under, next to, in front of를 써요.

장소 전치사 쓰기

우리말	전치사구	우리말	전치사구
탁자 위에	on the table	바다 아래에	_____ the sea
바닥 위에	_____ the floor	우산 아래에	_____ the umbrella
건물 뒤에	_____ the building	벽면에	_____ the wall
의자 아래에	_____ the chair	소파 뒤에	_____ the sofa
상자 안에	_____ the box	은행 앞에	_____ the bank
고양이 옆에	_____ the cat	내 뒤에	_____ me

1

나는 / 산다 / 서울에.

I live in / at Seoul.

유령이 / 산다 / 내 방에.

A ghost lives in / at my room.

2

그것은 / 있다 / 상자 위에.

It is in / on the box.

그것은 / 있다 / 상자 안에.

It is in / on the box.

3

그것은 / 있다 / 공원 앞에.

It is behind / in front of the park.

그것은 / 있다 / 공원 뒤에.

It is behind / in front of the park.

4

그것은 / 있다 / 우산 아래에.

It is under / next to the umbrella.

그것은 / 있다 / 우산 옆에.

It is under / next to the umbrella.

5

그는 / 있다 / 버스 정류장에.

He is on / at the bus stop.

그는 / 있다 / 거리에.

He is on / at the street.

6

그것은 / 있다 / 은행 옆에.

It is behind / next to the bank.

그것은 / 있다 / 책상 아래에.

It is behind / under the desk.

7

전등은 / 있다 / 벽면에.

The lamp is on / at the wall.

전등은 / 있다 / 천장에.

The lamp is on / at the ceiling.

8

그는 / 일한다 / 공항에서.

He works in / at the airport.

그는 / 있다 / 부엌에.

He is in / at the kitchen.

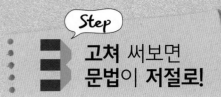
1 There are three dolls at the box. → There are three dolls in the box.

2 There is a cat next of the desk. →

3 Is there a chair in front to the door? →

4 Jeremy lives on India. →

5 There is a cup in the floor. →

6 She reads a book on the living room. →

7 Andy is in the bus stop. →

8 There is a clock at the wall. →

마무리

① 상자 안에 세 개의 인형이 있다.   ② 책상 옆에 고양이가 있다.   ③ 문 앞에 의자가 있니?   ④ Jeremy는 인도에 산다.
⑤ 바닥에 컵이 있다.   ⑥ 그녀는 거실에서 책을 읽는다.   ⑦ Andy는 버스 정류장에 있다.   ⑧ 벽에 시계가 있다.

125

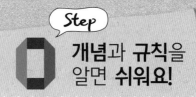

UNIT 02 시간 전치사 공식

Step 0 개념과 규칙을 알면 쉬워요!

_____월 _____일

1 시간 전치사가 무엇인지 알아봐요.

⊘ 시간 전치사는 '10월에', '토요일에' 등과 같이 구체적인 시각이나 때를 나타낼 때 쓰는 말이에요.

시간 전치사	in	~에
시간 전치사구	in October	10월에

He 그는　goes there 거기에 간다　**in spring.** 봄에.　← 이것이 전치사구

2 시간 전치사를 알아봐요.

⊘ 시간 전치사에는 무엇이 있나요?

💡 시간을 나타내는 전치사에는 **at, on, in** 등이 있어요.

시간 전치사	쓰임	예
at (~에)	시간 앞에	**at seven**(7시에) **at two o'clock**(2시 정각에)
	하루 중 특정한 때 앞에	**at noon**(정오에) **at midnight**(자정에), **at night**(밤에) **at sunset**(해질녘에)
	식사를 나타내는 말 앞에	**at breakfast**(아침 식사 때) **at lunch**(점심 식사 때)
on (~에)	날짜, 요일, 특정한 날 앞에	**on March 20th**(3월 20일에) **on Sunday**(일요일에) **on the last day**(마지막 날) **on Friday morning**(금요일 아침에) **on Sunday evening**(일요일 저녁에)
	휴일 앞에	**on vacation**(휴일에) **on Christmas Eve**(크리스마스 이브에)
in (~에)	하루 중 특정한 때 앞에 (at보다 긴)	**in the morning**(아침에) **in the evening**(저녁에) **in the daytime**(낮 동안에)
	월, 연도, 계절 앞에	**in March**(3월에) **in 2013**(2013년에) **in spring**(봄에)

그 밖의 시간 전치사

by(~까지): 동작의 완료
till(~까지): 동작이나 상태의 계속
for(~ 동안) + 숫자
during(~ 동안) + 특정 사건 및 행사
after(~ 후에) ↔ before(~ 전에)
from A to B(A부터 B까지)

be동사 + 시간 전치사: (시기, 시간에) 있다, 이다

Christmas **is in** winter. (크리스마스는 겨울에 있다.)
Christmas **is on** Friday this year. (이번 해 크리스마스가 금요일이다.)
The Christmas party **is at** 5. (크리스마스 파티는 5시이다.)

우리말에 맞는 시간 전치사를 쓰거나 골라 보세요.

시간 전치사에는 at, on, in이 있어요.

시간 전치사 쓰기

우리말	전치사구	우리말	전치사구
8시에	__at__ 8 o'clock	새해에	_____ New Year's Day
아침에	_____ the morning	일요일에	_____ Sunday
저녁에	_____ the evening	크리스마스에	_____ Christmas
2016년에	_____ 2016	9월 11일에	_____ September 11
월요일에	_____ Monday	밤에	_____ night
겨울에	_____ winter	정오에	_____ noon
3월에	_____ March	금요일 아침에	_____ Friday morning

for, during, before, after, until 등도 시간 전치사예요.

시간 전치사 고르기

1. [_____] three days (3일 동안) — ☑ for ☐ during

2. [_____] two hours (2시간 후에) — ☐ before ☐ after

3. [_____] lunch (점심 식사 전에) — ☐ before ☐ after

4. [_____] the vacation (방학 동안) — ☐ for ☐ during

5. [_____] tomorrow (내일까지) — ☐ for ☐ until

6. [_____] midnight (자정 전에) — ☐ before ☐ after

1

게임은 / 시작된다 / 2시에.

The game starts (at / in) 2.

게임은 / 시작된다 / 가을에.

The game starts at /(in) fall.

2

게임은 / 끝난다 / 점심 식사 전에.

The game ends [before / after] lunch.

게임은 / 끝난다 / 점심 식사 후에.

The game ends [before / after] lunch.

3

그는 / 스키를 타러 간다 / 12월에.

He goes skiing [in / on] December.

그는 / 스키를 타러 간다 / 그의 생일에.

He goes skiing [in / on] his birthday.

4

그는 / 기다릴 수 있다 / 2일 동안.

He can wait [for / during] two days.

그는 / 기다릴 수 있다 / 방학 동안.

He can wait [for / during] the vacation.

5

학교는 / 시작된다 / 3월에.

The school begins [in / on] March.

학교는 / 시작된다 / 3월 2일에.

The school begins [in / on] March 2nd.

6

그것은 / 끝난다 / 봄에.

It ends [in / before] spring.

그것은 / 끝난다 / 봄 전에.

It ends [in / before] spring.

7

나는 / 쇼핑을 하러 간다 / 주말에.

I go shopping [at / on] weekends.

나는 / 쇼핑을 하러 간다 / 정오에.

I go shopping [at / on] noon.

8

나는 / 교회에 간다 / 일요일에.

I go to church [at / on] Sundays.

나는 / 교회에 간다 / 2시에.

I go to church [at / on] 2 o'clock.

1 He has lunch on 12. → He has lunch at 12.

2 We sleep during six hours. →

3 She reads a book at the evening. →

4 I go camping on summer. →

5 We go out at Christmas Eve. →

6 She goes to Jeju at September. →

7 The movie starts in Friday morning. →

8 He goes to France in March 4th. →

마무리 해석확인

① 그는 12시에 점심을 먹는다.　② 우리는 6시간 동안 잔다.　③ 그녀는 저녁에 책을 읽는다.　④ 나는 여름에 캠핑을 간다.
⑤ 우리는 크리스마스 이브에 외출한다.　⑥ 그녀는 9월에 제주에 간다.　⑦ 그 영화는 금요일 아침에 시작된다.　⑧ 그는 3월 4일에 프랑스에 간다.

_____월 _____일

1 방향 전치사가
무엇인지 알아봐요.

○ 방향 전치사는 '방 밖으로', '방 안으로' 등과 같이 사물이나 사람이 향하는 방향을
나타낼 때 쓰는 말이에요.

방향 전치사	to	~ 쪽으로
방향 전치사구	to the school	학교 쪽으로

He   goes   to the school.
그는   간다   학교로.

이것이 전치사구

2 방향 전치사를
알아봐요.

○ 방향 전치사에는 무엇이 있나요?

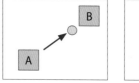

from A to B(A에서 B까지)   for(~을 향해)

There is a train **from** London **to** Paris.	런던에서 파리까지 가는 기차가 있다.
This bus is **for** Busan.	이 버스는 부산행 이다.

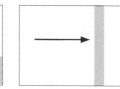

along(~을 따라서)   to(~ 쪽으로)

I go jogging **along** the beach.	나는 해변을 따라 조깅을 하러 간다.
He drives **to** his work.	그는 직장으로 운전을 해 간다.

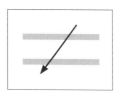
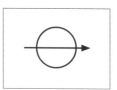

across(~을 가로질러)   through(~을 통과해서)

He walks **across** the street.	그는 거리를 가로 질러 걸어간다.
Water flows **through** the pipe.	물이 그 관을 통과 해서 흐른다.

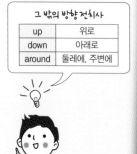

그 밖의 방향 전치사

up	위로
down	아래로
around	둘레에, 주변에

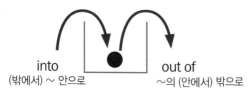

into
(밖에서) ~ 안으로   out of
~의 (안에서) 밖으로

She jumps **into** the river.	그녀는 강 안으로 뛰어든다.
He comes **out of** the room.	그는 방에서 밖으 로 나온다.

방향 전치사에는 into, out of, along 등이 있어요.

방향 전치사 쓰기

우리말	전치사구	우리말	전치사구
방 안으로	_into_ the room	방 밖으로	_____ the room
길을 따라	_____ the street	서울 쪽으로	_____ Seoul
강을 가로질러	_____ the river	강을 따라서	_____ the river
유리창을 통과해서	_____ the window	이 주변에	_____ here
남쪽으로	_____ the south	런던에서 파리까지	_____ London to Paris

의미에 맞는 방향 전치사를 골라 봐요.

방향 전치사 고르기

1 fall [   ] the sky (하늘에서 떨어지다)   ☐ to ☑ from

2 leave [   ] school (학교를 향해 떠나다)   ☐ to ☐ for

3 dive [   ] the pool (수영장 안으로 다이빙하다)   ☐ for ☐ into

4 go [   ] the village (마을을 통과해서 가다)   ☐ along ☐ through

5 go jogging [   ] the beach
(해변을 따라 조깅하러 가다)   ☐ across ☐ along

6 take us [   ] the river
(강을 가로질러 우리를 데려가 주다)   ☐ out of ☐ across

① leave, school, we, for

문장 → We leave for school.

우리말 → 우리는 학교를 향해 떠난다.

② across, takes us, the river, the boat

문장 →

우리말 →

③ go jogging, people, the beach, along

문장 →

우리말 →

④ around, you, can, find the bank, here

문장 →

우리말 →

⑤ out of, are, they, now, the house

문장 →

우리말 →

⑥ through, the village, drives, he

문장 →

우리말 →

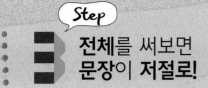

Step

전체를 써보면
문장이 저절로!

우리말에 맞게 주어진 단어를 이용하여 문장을 써보세요.

우리는 마을을 통과해서 간다. (go through)

1 → We go through the village.

우리는 방 밖에 있다. (be out of)

2 →

사람들은 해변을 따라서 산책한다. (take a walk along)

3 →

나는 남쪽으로 가야 한다. (go to, must)

4 →

서울행 기차가 있다. (there is a train for)

5 →

너는 방 안으로 뛰어들어 가지 않는 게 좋겠다. (run into, shouldn't)

6 →

눈이 하늘에서 떨어진다. (fall from)

7 →

이 주변에 병원이 있다. (there is a hospital around)

8 →

[1~2] 다음 빈칸에 공통으로 알맞은 것을 고르시오.

1

> • Jeff is busy _____ Monday.
> • There is a fly _____ the ceiling.

① in   ② on   ③ by
④ under   ⑤ for

2

> • I can buy a cap _____ the store.
> • She gets up _____ 7:20.

① at   ② on   ③ in
④ to   ⑤ from

3 다음 두 문장의 뜻이 같도록 빈칸에 알맞은 말을 쓰시오.

> Bob reads a book from 2 p.m. to 5 p.m.
> = Bob reads a book _____ three hours.

4 다음 빈칸에 들어갈 말로 짝지어진 것은?

> • He takes a nap _____ 30 minutes.
> • She always falls asleep _____ the movie.

① for – for   ② till – to   ③ for – during
④ during – to   ⑤ during – during

5 다음 빈칸에 들어갈 말이 나머지와 <u>다른</u> 것은?

① I live _____ Daejeon.
② His birthday is _____ April 7th.
③ We eat *songpyeon* _____ Chuseok.
④ A little girl is crying _____ the street.
⑤ My room is _____ the second floor.

[6~8] 다음 우리말에 맞게 빈칸에 알맞은 것을 고르시오.

6

서점은 슈퍼마켓 옆에 있다.
→ The bookstore is _____ the supermarket.

① into   ② under   ③ next to
④ behind   ⑤ through

7

문 앞에 빨간색 차가 있다.
→ There is a red car _____ the gate.

① into   ② around   ③ behind
④ next to   ⑤ in front of

8

차 뒤에 숨지 마라.
→ Don't hide _____ the car.

① to   ② behind   ③ from
④ between   ⑤ through

서술형 문제

[9~10] 다음 주어진 단어들을 이용하여 우리말을 영어로 옮기시오.

9 Jessica는 사무실에서 오전 9시부터 오후 6시까지 일한다. (the office, 9 a.m., 6 p.m.)
→ _____

10 우리는 극장 앞에서 3시에 만난다. (the theater, three o'clock)
→ _____

11 다음 우리말에 맞게 빈칸에 알맞은 전치사를 쓰시오.

This is Mary's room.
① There is a computer _____ the desk. (책상 위에)
② There is a book _____ to the computer. (컴퓨터 옆에)
③ There are a clock and a picture _____ the wall. (벽면에)
④ There is a cell phone _____ the desk. (책상 아래에)

초등 영문법, 쓸 수 있어야 진짜 문법이다!

문법이 쓰기다

WORKBOOK 기본 1

서술형 대비 특별구성
문장쓰기
워크북

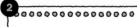

Part별 단어테스트
단어 테스트
문제지

교육 R&D에 앞서가는
Key 키출판사

초등 영문법, 쓸 수 있어야 진짜 문법이다!

WORKBOOK 기본 1

서술형 대비
문장쓰기 워크북

(p.2~49)

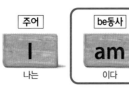

대표문장 ❶

주어	be동사	
I	am	a dancer.
나는	이다	무용수.

[be동사 변화공식] be동사는 주어에 따라 am, are, is의 세 가지 형태로 쓸 수 있다. 주어가 둘 이상의 복수를 나타내면 are를 쓴다.

주어	be동사	
I	am	I am a singer.
You / We / They	are	You[We / They] are singers.
He / She	is	He[She] is a singer.

Let's Write 서술형

1 그녀는 선생님이다. (a teacher) → She [is] [a teacher] .

2 그들은 소방관이다. (fire fighters) → They [   ] [   ] .

3 그것은 그의 개다. (his dog) → It [   ] [   ] .

4 너는 천재다. (a genius) → You [   ] [   ] .

5 그것은 개구리다. (a frog) → [   ]

6 그녀는 축구 선수이다. (a soccer player) → [   ]

7 우리는 반 친구이다. (classmates) → [   ]

8 그는 내 동생이다. (my brother) → [   ]

9 그들은 그의 사촌이다. (his cousins) → [   ]

대표문장 **2**

주어+be동사 줄임말
I'm
나는 ~있다

장소
at the park.
공원에.

[**주어+be동사 줄임말**] be동사와 주어는 다음과 같이 줄여 쓸 수 있다.

〈주어+be동사〉 줄임말	I am → I'm	We are → We're
	You are → You're	You are → You're
	She is / He is → She's / He's	They are → They're

Let's Write 서술형

1 그녀는 방에 있다. (in the room)　→ She ['s] [in the room] .

2 그들은 부엌에 있다. (in the kitchen)　→ They [　] [　] .

3 그것은 탁자 위에 있다. (on the table)　→ It [　] [　] .

4 그것은 나무 아래에 있다. (under the tree)　→ [　] [　] [　] .

5 우리는 학교에 있다. (at school)　→ [　]

6 그녀는 집에 있다. (at home)　→ [　]

7 그는 서울에 있다. (in Seoul)　→ [　]

8 그들은 공원에 있다. (at the park)　→ [　]

9 나는 비행기를 타고 있다. (on an airplane)　→ [　]

정답은 p.61

3

대표문장 ❶

주어	be동사	명사(직업/나이/이름)
I	**am**	**a singer.**
나는	이다	가수.

[be동사 뒤에 오는 말 1] 〈be동사+명사〉처럼 be동사 다음에 이름, 직업 등이 오면 '~이다'로 해석한다.

I	**am**	a cook.	나는 요리사**이다**.
He / She	**is**		그는 / 그녀는 요리사**이다**.
You / We / They	**are**	cooks.	너희들은 / 우리는 / 그들은 요리사**이다**.

Let's Write 서술형

1 그녀는 셰프이다. (a chef)　→ She ｜ is ｜ a chef ｜ .

2 그는 11살이다. (11 years old)　→ He ｜　　　｜　　　｜ .

3 우리는 친구이다. (friends)　→ We ｜　　　｜　　　｜ .

4 나는 화가이다. (a painter)　→ ｜　　　｜　　　｜　　　｜ .

5 그들은 간호사이다. (nurses)　→ ｜　　　　　　　　　　　｜

6 그는 배우이다. (an actor)　→ ｜　　　　　　　　　　　｜

7 우리는 학생이다. (students)　→ ｜　　　　　　　　　　　｜

8 그녀는 내 여동생이다. (my sister)　→ ｜　　　　　　　　　　　｜

9 그들은 훌륭한 작가들이다. (great writers)　→ ｜　　　　　　　　　　　｜

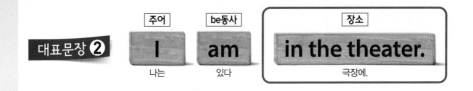

[be동사 뒤에 오는 말 2] 〈be동사＋장소〉처럼 be동사 다음에 장소나 소속이 오면 '～에 있다'로 해석한다.

I	am		나는 방에 **있다.**
You / We / They	are	in the room.	너는 / 우리는 / 그들은 방에 **있다.**
He / She	is		그는 / 그녀는 방에 **있다.**

Let's Write 서술형

1 그녀는 학교에 있다. (at school) → She [is] [at school] .

2 우리는 축구팀에 있다. (on the soccer team) → We [   ] [   ] .

3 그것은 박물관에 있다. (in the museum) → It [   ] [   ] .

4 그것은 벽에 있다. (on the wall) → [   ] [   ] [   ] .

5 우리는 교실에 있다. (in the classroom) → [   ]

6 그녀는 런던에 있다. (in London) → [   ]

7 그는 차 안에 있다. (in a car) → [   ]

8 그들은 버스 정류장에 있다. (at the bus stop) → [   ]

9 그것들은 탁자 위에 있다. (on the table) → [   ]

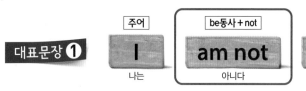

주어	be동사 + not	
I	am not	a dancer.
나는	아니다	무용가가.

대표문장 ❶

[be동사의 부정문] be동사의 부정문은 be동사 다음에 not을 쓰며 '~이 아니다, ~에 없다'의 의미이다.

I	**am**	a dancer.	나는 무용가**이다.**

↓

I	**am not**	a dancer.	나는 무용가**가 아니다.**

Let's Write 서술형

1 그녀는 선생님이 아니다. (a teacher) → She [is not] [a teacher] .

2 그들은 가수가 아니다. (singers) → They [   ] [   ] .

3 그것은 그의 개가 아니다. (his dog) → It [   ] [   ] .

4 나는 아기가 아니다. (a baby) → [   ] [   ] [   ] .

5 너는 농부가 아니다. (a farmer) → [   ]

6 그녀는 런던에 없다. (in London) → [   ]

7 우리는 교실에 없다. (in the classroom) → [   ]

8 그는 공원에 없다. (at the park) → [   ]

9 그것들은 나무 아래에 없다. (under the tree) → [   ]

Be동사	주어	
Are	they	at the park?
있니	그들은	공원에?

대표문장 ❷

[be동사의 의문문] 의문문은 주어와 be동사의 위치를 바꿔서 '~이니?, ~에 있니?'라는 의미로 쓴다.

They	**are**	at the park.	그들은 공원에 **있다.**
Are	**they**	at the park?	그들은 공원에 **있니?**

Let's Write 서술형

1 그녀는 방에 있니? (in the room)   →   Is she in the room ?

2 그들은 거실에 있니? (in the living room)   →   ☐ they ☐ ?

3 그는 부산에 있니? (in Busan)   →   ☐ he ☐ ?

4 그것은 나무 아래에 있니? (under the tree)   →   ☐ ☐ ☐ ?

5 너희들은 학교에 있니? (at school)   →   ☐

6 그것들은 장미이니? (roses)   →   ☐

7 그녀는 가수이니? (a singer)   →   ☐

8 너는 11살이니? (11 years old)   →   ☐

9 그것은 알이니? (an egg)   →   ☐

정답은 **p.61**

대표문장 ①

주어	일반동사	
I	**drink**	**milk.**
나는	마신다	우유를.

[일반동사 변화 1] 일반동사는 '가다, 마시다, 하다'처럼 동작이나 '사랑하다, 원하다'처럼 상태를 나타내는 것으로 주어가 he, she, it일 때 〈동사+(e)s〉를 쓴다.

일반동사	I, you, we, they일 때 일반동사 변화	he, she, it일 때 일반동사 변화
drink	drink	drink**s**
watch	watch	watch**es**
wash	wash	wash**es**

Let's Write 서술형

1 그는 장난감을 좋아한다. (like, toys)
→ He [likes] [toys] .

2 그들은 샐러드를 먹는다. (eat, salad)
→ They [ ] [ ] .

3 Susan은 주스를 마신다. (drink, juice)
→ Susan [ ] [ ] .

4 그녀는 잘 잔다. (sleep, well)
→ [ ] [ ] [ ] .

5 그는 만화책을 읽는다. (read, comic books)
→ [ ]

6 그것은 빨리 달린다. (run, fast)
→ [ ]

7 우리는 영어를 배운다. (learn, English)
→ [ ]

8 그는 서울에 산다. (live, in Seoul)
→ [ ]

9 나는 컴퓨터 게임을 한다. (play, computer games)
→ [ ]

대표문장 ❷

| 주어 | | 일반동사 | |
He(그는) goes(간다) to school.(학교에.)

[일반동사의 변화 2] 주어가 he, she, it일 때 일반동사는 다음 표처럼 변화한다.

일반동사의 종류	변화규칙	예
대부분의 동사	+s	sees, feels, moves, loves, makes, learns
-o, -s, -sh, -ch, -x	+es	does, goes, watches, wishes, touches
자음+y	y→i+es	studies, tries, flies
* 예외		have – has

Let's Write 서술형

1 그는 하루 종일 운다. (cry, all day) → He [cries] [all day] .

2 그는 저녁을 먹는다. (have, dinner) → He [　　　] [　　　] .

3 나는 TV를 본다. (watch, TV) → I [　　　] [　　　] .

4 그녀는 매일 공부한다. (study, every day) → [　　　] [　　　] [　　　] .

5 그는 교회에 간다. (go, to church) → [　　　　　　　　　]

6 Suji는 설거지를 한다. (do, the dishes) → [　　　　　　　　　]

7 우리는 교실을 청소한다. (clean, our classroom) → [　　　　　　　　　]

8 그것은 하늘을 난다. (fly, in the sky) → [　　　　　　　　　]

9 너는 숙제가 있다. (have, homework) → [　　　　　　　　　]

대표문장 ❶

주어
He
그는

do[does] not + 동사원형
does not drink
마시지 않는다

milk.
우유를.

[**일반동사의 부정문**] 일반동사의 부정문은 동사 앞에 do[does] not을 쓰며 주어가 he, she, it일 때 does not이 따라온다.

He	drinks	milk.	그는 우유를 **마신다.**

↓

He	does not drink	milk.	그는 우유를 **마시지 않는다.**

Let's Write 서술형

1 그는 TV를 보지 않는다. (watch, TV)

→ He [does not] [watch] [TV] .

2 그들은 테니스를 치지 않는다. (play, tennis)

→ They [ ] [ ] [ ] .

3 그녀는 차를 마시지 않는다. (have, tea)

→ She [ ] [ ] [ ] .

4 그녀는 잘 못 잔다. (sleep, well)

→ [ ] [ ] [ ] [ ] .

5 그는 수업이 없다. (have, a class)

→ [ ]

6 그들은 지도가 필요 없다. (need, a map)

→ [ ]

7 우리는 숙제가 없다. (have, homework)

→ [ ]

8 그는 서울에 살지 않는다. (live, in Seoul)

→ [ ]

9 나는 컴퓨터 게임을 하지 않는다.
(play, computer games)

→ [ ]

대표문장 ❷

Do(Does) | 주어 + 동사원형
Does | **he go** | **to school?**
그는 가니 | 학교에?

[**일반동사의 의문문**] 일반동사의 의문문은 문장 앞에 Do / Does가 오며 주어가 he, she, it일 때 Does를 쓴다.

	He goes	to school.	그는 학교에 **간다.**
	↓		
Does	he go	to school?	그는 학교에 **가니?**

Let's Write 서술형

1 그는 하루 종일 우니? (cry, all day) → Does | he | cry | all day | ?

2 그들은 저녁에 공부하니? (study, at night) → ☐ | they | ☐ | ☐ | ?

3 너는 줄넘기를 하니? (jump, rope) → ☐ | you | ☐ | ☐ | ?

4 그녀는 도서관에 가니? (go, to the library) → ☐ | ☐ | ☐ | ☐ | ?

5 그는 자기 방을 청소하니? (clean, his room) → ☐

6 Suji는 초콜릿을 좋아하니? (like, chocolate) → ☐

7 너희는 걸어서 학교에 가니? (walk, to school) → ☐

8 그것은 하늘을 나니? (fly, in the sky) → ☐

9 Nick은 숙제가 있니? (have, homework) → ☐

정답은 p.62

주어
He
그는

be동사 / 일반동사
is / plays
한다

soccer.
축구를.

[be동사와 일반동사 1] be동사와 일반동사를 구분할 때는 뒤에 오는 말에 주의한다.

| He | is | a soccer player. | 그는 축구 선수**이다.** |
| He | plays | soccer. | 그는 축구를 **한다.** |

Let's Write 서술형

1 그는 동물원에 간다.
(☑ goes to the zoo ☐ is to the zoo) → He [goes to the zoo] .

2 그는 도서관에 있다.
(☐ does the library ☐ is in the library) → He [　　　] .

3 Susan은 피곤하다.
(☐ makes tired ☐ is tired) → Susan [　　　] .

4 그녀는 공원에 간다.
(☐ goes to the park ☐ is to the park) → She [　　　] .

5 그는 작가이다.
(☐ plays a writer ☐ is a writer) → [　　　] .

6 그것은 네 개의 다리가 있다.
(☐ has four legs ☐ are four legs) → [　　　] .

7 우리는 축구팀에 있다.
(☐ play the soccer team
☐ are on the soccer team) → [　　　] .

8 그들은 자전거를 탄다.
(☐ ride a bike ☐ are a bike) → [　　　] .

9 나는 매일 바쁘다.
(☐ read busy every day ☐ am busy every day) → [　　　] .

12

주어	be동사 / 일반동사의 부정문	
He	~~**isn't**~~ / **doesn't go**	**to school.**
그는	가지 않는다	학교에.

[be동사와 일반동사 2] be동사 다음에 not을 쓰는 be동사의 부정문과 달리 일반동사의 부정문은 do not / does not을 쓴다.

He	**isn't**	a soccer player.	그는 축구 선수가 **아니다.**
He	**doesn't play**	soccer.	그는 축구를 **하지 않는다.**

Let's Write 서술형

1 그는 선생님이 아니다.
(☑ isn't a teacher ☐ doesn't a teacher) → He [isn't a teacher].

2 그들은 저녁을 먹지 않는다.
(☐ aren't dinner ☐ don't have dinner) → They [ ].

3 나는 TV를 보지 않는다.
(☐ am not TV ☐ don't watch TV) → I [ ].

4 그녀는 똑똑하지 않다.
(☐ isn't smart ☐ doesn't make smart) → She [ ].

5 그는 캐나다에 없다.
(☐ isn't in Canada ☐ doesn't go to Canada) → [ ].

6 Suji는 설거지를 하지 않는다.
(☐ isn't the dishes ☐ doesn't do the dishes) → [ ].

7 우리는 Mark를 모른다.
(☐ aren't Mark ☐ don't know Mark) → [ ].

8 그는 우리를 돕지 않는다.
(☐ isn't us ☐ doesn't help us) → [ ].

9 너는 바보가 아니다.
(☐ aren't a fool ☐ doesn't have a fool) → [ ].

정답은 p.63

대표문장 ❶ | I | have | 명사의 규칙 변화 | two books.

나는 · 가지고 있다 · 두 권의 책을.

[명사의 복수형 1] 명사가 하나이면 단수, 둘 이상이면 복수라고 한다.

명사의 형태	복수형	예
대부분의 명사	+s	books, desks, pens, cups, flowers
-s, -sh, -ch, -x	+es	dishes, boxes, buses, churches
자음+y	y→i+es	baby − babies, story − stories, fly − flies
자음+o	+es	potatoes, heroes
-f, fe	f(e)→v+es	leaf − leaves, knife − knives (*예외 roofs)

Let's Write 서술형

1 그는 펜 두 자루가 필요하다. (need, pen) → He [needs] two [pens] .

2 그들은 고양이 두 마리가 있다. (have, cat) → They [   ] two [   ] .

3 Susan은 두 명의 친구가 있다. (have, friend) → Susan [   ] [   ] [   ] .

4 이것들이 내 그림들이다. (be, picture) → These [   ] my [   ] .

5 그들은 의사들이다. (be, doctor) → [   ]

6 그는 달걀 세 개가 필요하다. (need, egg) → [   ]

7 우리는 네 개의 상자가 필요하다. (need, box) → [   ]

8 그녀는 10개의 가방을 가지고 있다. (have, bag) → [   ]

9 나는 두 개의 이야기를 원한다. (want, story) → [   ]

대표문장 ❷　I　have　**two children.**

나는　　(가지고) 있다　　두 아이가.

[**명사의 복수형 2**] 복수형태가 불규칙으로 변하는 명사들도 있다.

모음의 변화	man – men, woman – women, foot – feet, tooth – teeth
끝부분 변화	child – children, ox – oxen, mouse – mice
같은 모양	sheep – sheep, fish – fish, deer – deer

* 항상 복수로 사용하는 명사들도 있다.
　ex. people, pants, jeans, glasses, shoes, socks

Let's Write 서술형

1 그는 생선을 많이 먹는다. (eat, fish)　→ He 　eats 　 a lot of 　 fish 　.

2 그들은 세 명의 아이가 있다. (have, child)　→ They 　　　　　 　　　　　 　　　　　.

3 Susan은 청바지를 좋아한다. (like, jean)　→ Susan 　　　　　 　　　　　.

4 이것들이 내 양들이다. (are, sheep)　→ These 　　　　　 my 　　　　　.

5 그들은 안경이 필요하다. (need, glass)　→ 　　　　　

6 그것들은 거위이다. (are, goose)　→ 　　　　　

7 우리는 열 명의 사람을 안다. (know, people)　→ 　　　　　

8 그것은 네 개의 발을 가지고 있다. (have, foot)　→ 　　　　　

9 나는 새 신발을 원한다. (want, shoe)　→ 　　　　　

정답은 p.63

대표문장 ❶ I drink milk.
나는 　　마신다 　　우유를.

셀 수 없는 명사

[셀 수 없는 명사 1] 셀 수 없는 명사는 일정한 형태가 없어 세기 어려운 명사들로 다음과 같다.

고유 이름	Suji, Nile, Seoul, Korea
물질(고체/기체/액체)	air, water, stone, oil, sugar, butter
과목/운동/게임	soccer, baseball, chess, math
생각, 감정 등	love, hope, peace

Let's Write 서술형

1 그들은 밥을 먹는다. → They eat 〔 rice / a rice 〕 .

2 오늘 비가 온다. → We have 〔 rain / a rain 〕 today.

3 Susan은 치즈를 좋아한다. → Susan likes 〔 cheese / a cheese 〕 .

4 그녀는 시계를 가지고 있다. → She has 〔 watch / a watch 〕 .

5 그는 아이가 있다. → He has 〔 child / a child 〕 .

6 우리는 물이 필요하다.
(☐ need water　☐ need a water) → 〔　　　　　　　　　〕

7 그들은 주스를 원한다.
(☐ want juice　☐ want a juice) → 〔　　　　　　　　　〕

8 그는 돈이 필요하다.
(☐ needs money　☐ needs a money) → 〔　　　　　　　　　〕

9 나는 수프를 먹는다.
(☐ eat soup　☐ eat a soup) → 〔　　　　　　　　　〕

[셀 수 없는 명사 2] 셀 수 없는 명사의 특징은 다음과 같다.

셀 수 있는 명사	셀 수 없는 명사
부정관사 a, an을 쓴다. **a** book, **an** orange	부정관사 a, an을 쓸 수 없다. ~~a money~~ → money
복수형 –(e)s를 쓴다. book**s**, church**es**	복수형이 없다. ~~moneys~~ → money

* 고유 명사의 첫 글자는 항상 대문자로 쓴다. It is far from ~~busan~~ Busan.

Let's Write 서술형

1 He eats breads. (그는 빵을 먹는다.) → He eats [bread] .

2 They know suji. (그들은 수지를 안다.) → They know [ ] .

3 I like a music. (나는 음악을 좋아한다.) → I like [ ] .

4 We need an air.
(우리는 공기를 필요로 한다.) → We need [ ] .

5 He cooks dinners.
(그는 저녁을 요리한다.) → He cooks [ ] .

6 나는 평화를 사랑한다. (love) → [ ]

7 그들은 런던에 산다. (live in) → [ ]

8 우리는 시간이 필요하다. (need) → [ ]

9 너는 사랑을 원한다. (want) → [ ]

정답은 p.63

대표문장 1

There is | milk | on the table.
있다 | 주어 우유가 | 탁자 위에.

[There is와 There are] be동사는 뒤에 나오는 명사가 단수이면 is, 복수이면 are를 쓴다.

There is + 단수 명사	There are + 복수 명사
There **is** | milk | on the table.	There **are** | books | in my bag.
있다 | 우유가 | 탁자에.	있다 | 책들이 | 내 가방에.

Let's Write 서술형

1 탁자에 책이 있다. (a book on the table) → There | is | a book | on the table .

2 접시가 바구니에 있다. (a dish in the basket) → There | | | .

3 바다 속에 물고기들이 있다. (fish under the sea) → There | | | .

4 내 가방에 공책이 있다. (a notebook in my bag) → There | | | .

5 방에 창문들이 있다. (windows in the room) →

6 농장에 돼지들이 있다. (pigs on the farm) →

7 네 뒤에 소파가 있다. (a sofa behind you) →

8 나무에 사과가 있다. (apples on the tree) →

9 수업에 학생들이 많이 있다. (many students in the class) →

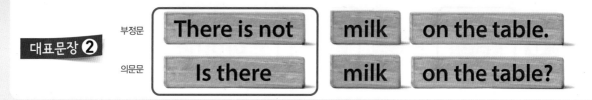

부정문 **There is not** milk on the table.

의문문 **Is there** milk on the table?

[There is[are] ~의 부정문, 의문문] There is[are] ~의 부정문과 의문문은 be동사의 부정문과 의문문과 유사하다.

부정문	의문문
There is milk on the table.	There are books in my bag.
↓	↓
There **is not** milk on the table.	**Are there** books in my bag?

Let's Write 서술형

1 컵에 물이 없다. (much water in the cup) → There is not | much water | in the cup .

2 그 상점에 애완동물이 없다.
(a pet in the store) → There ☐ ☐ ☐ .

3 지금은 캔디가 많이 없다. (many candies now) → There ☐ ☐ ☐ .

4 나무에 이파리가 없다. (a leaf on the tree) → There ☐ ☐ ☐ .

5 교실에는 아이가 없다.
(a child in the classroom) → ☐

6 농장에 닭들이 있니? (chickens on the farm) → ☐

7 네 뒤에 의자가 있니? (a chair behind you) → ☐

8 쿠키가 있니? (any cookies) → ☐

9 방에 개미가 있니? (ants in the room) → ☐

정답은 p.64

대표문장 ❶

주어		소유격	
He	is	my	brother.
그는	이다	나의	동생.

[인칭대명사 변화 1] 인칭대명사는 사람 이름을 대신하여 사용하는 말이다.

단수			복수		
주격	소유격	목적격	주격	소유격	목적격
I	my	me	we	our	us
you	your	you	you	your	you
he	his	him			
she	her	her	they	their	them
it	its	it			

Let's Write 서술형

1 그는 그녀의 친구이다.
(□ his friend   ☑ her friend)
→ He is [her friend] .

2 그것들은 내 연필들이다.
(□ my pencils   □ its pencils)
→ They are [   ] .

3 그녀의 눈은 갈색이다.
(□ Our eyes   □ Her eyes)
→ [   ] are brown.

4 그것의 꼬리는 길다.
(□ It's tail   □ Its tail)
→ [   ] is long.

5 그는 그녀의 아빠이다.
(□ his dad   □ her dad)
→ [   ]

6 그것은 네 가방이다.
(□ my bag   □ your bag)
→ [   ]

7 그녀의 고양이는 탁자 뒤에 있다.
(□ Her cat is   □ Its cat is)
→ [   ]

8 그녀는 우리 선생님이다.
(□ our teacher   □ their teacher)
→ [   ]

9 그들의 머리는 검정색이다.
(□ Their hair   □ Your hair)
→ [   ]

정답은 p.64

[인칭대명사 변화 2] 주어 자리에 어울리는 인칭대명사와 목적어 자리에 쓰이는 인칭대명사를 구별한다.

주어 자리		목적어 자리	
Jenny	is my sister.	I like	**Jenny.**
She	is my sister.	I like	**her.**

Let's Write 서술형

1 나는 동생이 있다. 그녀는 예쁘다. (pretty) → I have a sister. ┃ She ┃ is pretty.

2 John은 내 친구이다. 나는 그를 좋아한다. (like) → John is my friend. I [   ].

3 John과 나는 요리사이다. 우리는 요리를 잘한다. (cook well) → John and I are cooks. [   ].

4 내 연필이 어디 있지? 나는 그것을 필요로 해. (need) → Where is my pencil? [   ].

5 이것은 내 강아지들이야. 나는 그들에게 먹이를 줘. (feed) → These are my dogs. [   ]

6 Suji는 학생이다. 그녀는 11살이다. (11 years old) → Suji is a student. [   ]

7 엄마는 키가 크다. 그녀는 모델이다. (a model) → My mom is tall. [   ]

8 그것은 내 원피스이다. 그녀는 그것을 좋아한다. (like) → It is my dress. [   ]

9 나는 고양이가 있다. 그것의 털은 흰색이다. (white) → I have a cat. [   ]

대표문장 ❶

비인칭주어	시간, 날짜, 계절, 거리
It is 이다	**7 : 30.** 7시 30분.

[비인칭주어 it] 비인칭주어 it은 시간, 날짜, 계절, 거리를 나타낼 때 쓴다.

시간	It is 5 o'clock.	5시이다.
날짜	It's Monday. It's January 23rd.	월요일이다. 1월 23일이다.
계절	It's summer now.	지금은 여름이다.
거리	It's 5 km from here.	여기서 5km이다.
명암	It is dark outside.	밖은 어둡다.

Let's Write 서술형

1 어둡다. (dark)
→ ｜ It ｜ ｜ is ｜ dark.

2 11시이다. (11 o'clock)
→ ｜ ｜ ｜ ｜ 11 o'clock.

3 오늘은 날씨가 맑다. (sunny, today)
→ ｜ ｜ ｜ ｜ sunny today.

4 오늘은 8월 7일이다. (August 7th, today)
→ ｜ ｜ ｜ ｜ August 7th today.

5 지금은 7시 30분이야. (7:30, now)
→

6 이곳은 밝아. (bright, here)
→

7 뉴욕은 정말 추워. (very cold, in New York)
→

8 오늘은 7월 22일이야. (July 22nd, today)
→

9 오늘은 월요일이야. (Monday, today)
→

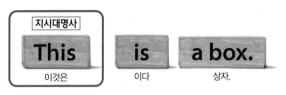

대표문장 ❷

지시대명사

This 이것은 **is** 이다 **a box.** 상자.

[**지시대명사 this, that**] 지시대명사는 '이것, 저것'이라고 가리키는 말로 거리와 수에 따라 다르게 쓴다.

가까운 거리에 있는 것		멀리 있는 것	
This	**is** my sister.	**That**	**is** my sister.
↓		↓	
These	**are** my sisters.	**Those**	**are** my sisters.

Let's Write 서술형

1 이것은 연필이다. (a pencil) → This is a pencil .

2 저 사람들은 내 친구들이다. (my friends) → Those ☐ ☐ .

3 이것은 내 안경이다. (my glasses) → These ☐ ☐ .

4 이분이 우리 아저씨이다. (our uncle) → This ☐ ☐ .

5 저것들은 그의 책이다. (his books) → Those ☐ ☐ .

6 이분들이 제 부모님들이에요. (my parents) → ☐

7 이것들은 생일 선물이에요. (birthday presents) → ☐

8 저것들은 이야기 책들이에요. (story books) → ☐

9 이것들은 콘서트 티켓들이다.
(tickets for the concert) → ☐

비인칭주어
It is
이다

월, 일, 년
January 4th, 2016.
2016년 1월 4일.

대표문장 ❶

[요일, 날짜 묻고 답하기] 요일, 월은 대문자로 쓴다. 그리고 일 표시는 서수로 한다.
first = 1st   second = 2nd   third = 3rd   fourth = 4th(4th부터는 숫자에 th를 붙인다.)

요일	**What day is it?** (무슨 요일이지?) — **It is** Sunday. (일요일이야.)
날짜	**What's the date today?** (오늘 날짜가 어떻게 되지?) — **It is** June 2nd today. (오늘은 6월 2일이야.)

Let's Write 서술형

1 오늘 날짜는 어떻게 되니? (today)　→ What's [the date today] ?

2 지금 몇 시니? (now)　→ What [ ] [ ] [ ] now?

3 오늘 무슨 요일이니? (today)　→ What [ ] [ ] [ ] ?

4 오늘은 화요일이다. (today)　→ It [ ] [ ] [ ] .

5 내일은 7월 2일이다. (July 2nd, tomorrow)　→ [ ]

6 오늘은 5월 3일이다. (May 3rd, today)　→ [ ]

7 오늘은 2016년 3월 5일이다. (March 5th, today)　→ [ ]

8 지금은 8시이다. (now)　→ [ ]

9 5시 10분 전이다. (ten minutes to 5)　→ [ ]

대표문장 ❷

It takes + 시간

It takes	2 hours	to get there.
걸린다	두 시간	거기에 도착하는 데.

[날씨, 걸린 시간, 금액 묻기] it을 사용하여 날씨, 걸린 시간, 금액을 다음과 같이 말할 수 있다.

날씨	**How is the weather?** – **It is** rainy.	날씨가 **어때?** 비가 와.
걸린 시간	**How long does it take to** get there? – **It takes** 2 hours.	거기까지 **얼마나 걸려?** 2시간 걸려.
금액	**How much does it cost to** wash the car? – **It costs** 20,000 won.	세차하는 데 **얼마야?** 2만원이 들어.

Let's Write 서술형

1. 날씨가 어때요? (the weather)

→ ☐ How ☐ is the weather?

2. 거기에 가는 데 얼마나 걸려요?
 (take, to get there)

→ ☐ take to get there?

3. 집을 사는 데 얼마나 (돈이) 들어요?
 (cost, to buy a house)

→ ☐ cost to buy a house?

4. 비가 온다. (rainy)

→ ☐ ☐ ☐ .

5. 날씨가 흐리다. (cloudy)

→ ☐

6. 눈이 온다. (snowy)

→ ☐

7. 바람이 분다. (windy)

→ ☐

8. 거기 가는 데 3시간이 걸린다.
 (take, to get there)

→ ☐

9. 집을 사는 데 2만 달러가 든다.
 (cost, to buy a house)

→ ☐

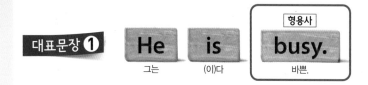

대표문장 ❶

He	is	형용사 busy.
그는	(이)다	바쁜.

[**형용사의 역할**] 형용사는 '예쁜, 귀여운'처럼 어떤 특징을 나타내는 말로 두 가지 역할을 한다.

① 명사를 수식	He is a	kind	boy .	그는 **친절한** 소년이다.
② 보어 역할	He is	kind.		그는 **친절하다.**

* 주어를 보충 설명

Let's Write 서술형

1 beautiful, it is, a, day.
(아름다운 날이다.)

→ It is | a | beautiful | day | .

2 there are, balls, small, in the box
(상자 안에 작은 공들이 있다.)

→ There are [   ] .

3 are, heavy, the, bags, big
(큰 가방은 무겁다.)

→ [   ] are heavy.

4 there are, animals, there, wild
(거기엔 야생 동물들이 있다.)

→ There are [   ] there.

5 is, he, a, boy, clever
(그는 영리한 소년이다.)

→ [   ]

6 그 목은 짧다. (its neck, short)

→ [   ]

7 그녀는 긴 머리이다. (has, hair)

→ [   ]

8 그녀는 훌륭한 피아니스트다. (a, pianist, great) → [   ]

9 그 똑똑한 남자애가 내 동생이야. (smart) → [   ]

대표문장 ②

There are	a few	candies	in the jar.
있다	조금	사탕이	병에.

[수량 형용사] 사람이나 사물의 많고 적음을 나타내는 말이 수량 형용사이다.

셀 수 있는 명사의 수량 형용사		셀 수 없는 명사의 수량 형용사	
	many		much
I have	a few	candies.	I have	a little	money.
	few		little

Let's Write 서술형

1 잔에 주스가 약간 있어. (juice in the glass)
→ There is [a little] [juice] [in the glass] .

2 내 주머니에 돈이 많이 있지 않다.
(money in my pocket)
→ There isn't [   ] [   ] [   ] .

3 방에 소음이 많다. (noise in the room)
→ There is [   ] [   ] [   ] .

4 방에 컴퓨터가 몇 대 있다.
(computers in the room)
→ There are [   ] [   ] [   ] .

5 서울에는 관광객들이 많아. (tourists in Seoul)
→ [   ]

6 교실에 많은 사람들이 있다.
(people in the classroom)
→ [   ]

7 운동장에 나무가 몇 그루 있다.
(trees in the playground)
→ [   ]

8 마당에 나무 몇 그루가 있어. (trees in the yard)
→ [   ]

9 하늘에 많은 별이 있어. (stars in the sky)
→ [   ]

정답은 p.65

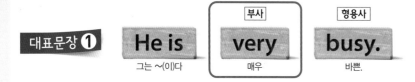

대표문장 ❶

He is **very** busy.

그는 ~(이)다 　　　매우 　　　바쁜.

[부사 공식] 부사는 '빠르게, 간단하게'처럼 '~하게'의 의미로 형용사나 동사 등을 수식한다.
그리고 부사는 형용사에 –ly를 붙여서 쓴다.

대부분 + -ly	slow → slow**ly**　　loud → loud**ly**
자음+y → i+ly	easy → eas**ily**　　busy → bus**ily**
e로 끝나는 경우 → e빼고 ly	true → tru**ly**　　simple → sim**ply**

Let's Write 서술형

1 breakfast, he, has, early
(그는 아침을 일찍 먹는다.)

→ He [has] [breakfast] [early] .

2 I, hard, study, every day
(나는 매일 열심히 공부한다.)

→ I [ ] [ ] [ ] .

3 really, that, is, good
(그것은 정말 좋다.)

→ That [ ] [ ] [ ] .

4 very, he, sings, well
(그는 매우 노래를 잘한다.)

→ He [ ] [ ] [ ] .

5 a bike, we, fast, ride
(우리는 자전거를 빨리 탄다.)

→ [ ]

6 우리는 매우 조심히 운전한다.
(drive, very, carefully)

→ [ ]

7 내 남동생은 일찍 일어난다. (get up, early)

→ [ ]

8 그는 집에 늦게 온다. (come home, late)

→ [ ]

9 그녀는 학교에서 매우 잘한다.
(do, well, very, in school)

→ [ ]

28

I am	never	late.
나는 ~(이)다	결코 ~않는	늦지.

빈도부사

[빈도부사] '얼마나 자주'라고 횟수를 가리키는 말을 빈도부사라고 하며 be동사 뒤, 일반동사 앞에 쓴다.

	always		나는 **언제나** 아침밥을 먹는다.
	usually		나는 **보통** 아침밥을 먹는다.
I	often	eat breakfast.	나는 **종종** 아침밥을 먹는다.
	sometimes		나는 **가끔** 아침밥을 먹는다.
	never		나는 **결코** 아침밥을 먹지 않는다.

Let's Write 서술형

1 is, he, never, late for school
(그는 결코 지각하지 않는다.)
→ He [is] [never] [late for school] .

2 they, have lunch, usually, together
(그들은 대개 점심을 같이 한다.)
→ They [   ] [   ] [   ] .

3 is, the baby, happy, always
(그 아기는 항상 행복해 한다.)
→ The baby [   ] [   ] [   ] .

4 plays tennis, never, she
(그녀는 절대 테니스를 치지 않아.)
→ She [   ] [   ] .

5 go, I, sometimes, to the library
(나는 도서관에 가끔 간다.)
→ [   ]

6 수미는 가끔 거짓말을 한다. (tell a lie)
→ [   ]

7 그들은 대개 밤에 인터넷을 쓴다.
(use the Internet)
→ [   ]

8 John은 항상 공원에 간다.
(go to the park)
→ [   ]

9 제주는 가끔 춥다. (cold in Jeju)
→ [   ]

정답은 p.65

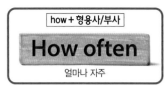 

대표문장 ❶

how + 형용사/부사

How often **do you** **go there?**

얼마나 자주   너는   거기에 가니?

[**how + 형용사/부사**] how 뒤에 형용사나 부사를 붙이면 '얼마나'라는 뜻으로 쓴다.

how old	나이	how tall	키	how often	빈도
how many	개수	how much	양, 가격	how long	길이, 기간
how far	거리	how big	크기	how heavy	무게
How old	**How old** are you? (몇 살이니?) – I'm 12 years old. (12살이야.)		**How much**	**How much** is the book? (그 책은 얼마니?) – 10 dollars. (10 달러야.)	

Let's Write 서술형

1 거미는 다리가 몇 개인가? → How [many] legs do spiders have?

2 너는 얼마나 많은 컴퓨터를 가지고 있니? → How [　] computers do you have?

3 돈은 얼마나 필요하니? → How [　] money do you need?

4 은행은 여기서 얼마나 머니? → How [　] is the bank from here?

5 그것은 얼마나 오래 사니? (long) → [　]

6 너희 할아버지 연세는 어떻게 되니? (old) → [　]

7 너는 키가 몇이니? (tall) → [　]

8 곰들은 얼마나 오래 사니? (long) → [　]

9 그 고래는 얼마나 크니? (big, the whale) → [　]

대표문장 ❷

		빈도
I go	**there**	**once a week.**
나는 간다	거기에	일주일에 한 번.

[**how + 형용사/부사의 대답**] '얼마나 자주'라고 횟수를 묻는 말에 대한 답은 구체적인 빈도수로 한다.

How often	**How often** do you go there? (너 거기에 얼마나 자주 가니?) – **Once a week**. (일주일에 한 번.)

* how often~의 대답은 다음과 같이 해요.

once / twice a (기간)	once a week (일주일에 한 번), twice a day (하루에 두 번)
(횟수) **times a** (기간)	three times a month (한 달에 세 번)

Let's Write 서술형

1 얼마나 자주 거기에 가니? (go there)
→ [How often] do you go there?

2 나는 하루에 한 번 거기에 간다. (once, day)
→ I go there [　　　　　] .

3 얼마나 자주 테니스를 치니? (play tennis)
→ [　　　　　] do you play tennis?

4 나는 일주일에 두 번 테니스를 친다.
(twice, week)
→ [　　　　　]

5 얼마나 자주 너는 그들을 방문하니? (visit them) → [　　　　　]

6 나는 한 달에 세 번 그들을 방문한다.
(three times, month)
→ [　　　　　]

7 얼마나 자주 그는 체육관에 가니?
(go to the gym)
→ [　　　　　]

8 그는 일 년에 네 번 체육관에 간다.
(four times, year)
→ [　　　　　]

9 얼마나 자주 너는 운동을 하니? (exercise) → [　　　　　]

대표문장 ❶

| He | 조동사 can
can swim | well. |
| 그는 | 수영할 줄 안다 | 잘. |

[조동사 can] can은 '∼할 수 있다'는 능력 외에 허락, 요청의 의미도 있다.

| 능력 | She **can** play the piano. | 그녀는 피아노를 **칠 줄 안다.** |
| 허락, 요청 | You **can** go home.
Can I go home? | 너는 집에 **가도 돼.**
집에 **가도 될까?** |

Let's Write 서술형

1 나는 프랑스어를 말할 수 있다. (speak French) → I [can] [speak French] .

2 그는 피아노를 칠 줄 안다. (play the piano) → He [ ] [ ] .

3 Susan은 빨리 달릴 수 있다. (run fast) → Susan [ ] [ ] .

4 그는 나와 함께 여기에 머물러도 된다.
(stay here with me) → He [ ] [ ] .

5 그는 영어책을 읽을 수 있다.
(read English books) → [ ]

6 너는 밖에 나가도 된다. (go outside) → [ ]

7 물을 좀 마셔도 될까요? (have some water) → [ ]

8 그는 컴퓨터를 사용할 줄 안다. (use computers) → [ ]

9 그녀는 쿠키를 만들 줄 안다. (make cookies) → [ ]

대표문장 ❷

He   may be   tired.
그는   일지 모른다   피곤한.

[**조동사 may**] may는 '~할지도 모른다'는 추측이나 허가의 의미를 나타낸다.

추측	He **may** be tired.	그는 피곤**할지 모른다**.
허가	You **may** sit down.	앉아도 **돼**.

Let's Write 서술형

1 그것은 사실일지도 모른다. (be true)

→ It [may] [be true] .

2 이것은 그녀의 것일지도 모른다. (be hers)

→ This [ ] [ ] .

3 내일 비가 올지도 몰라. (rain tomorrow)

→ It [ ] [ ] .

4 너는 내 모자를 써도 된다. (wear my hat)

→ You [ ] [ ] .

5 그는 정답을 알지 모른다. (know the answer)

→ [ ]

6 당신의 휴대 전화를 사용해도 될까요?
(use your cell phone)

→ [ ]

7 우리는 그 대회를 우승할지도 모른다.
(win the contest)

→ [ ]

8 그녀가 일찍 올지 모른다. (come early)

→ [ ]

9 당신은 이 방을 쓰셔도 됩니다. (use this room)

→ [ ]

정답은 p.66

 대표문장 **1**

조동사 must

You 너는 | must go 가야 한다 | there. 거기에.

[**조동사 must**] must는 '~해야 한다'는 의무를 나타내며 have(has) to로 바꿔 쓸 수 있다.

You	**must**		너는 빨간 불에 멈춰야 해.
I / You / We / They	**have to**	stop at a red light.	나는/너는/우리는/그들은 빨간 불에 멈춰야 한다.
He / She	**has to**		그는/그녀는 빨간 불에 멈춰야 한다.

 Let's Write 서술형

1 우리는 요금을 지불해야 한다. (pay the fee) → We | must (have to) | pay the fee | .

2 그들은 교복을 입어야 한다.
(wear the uniform) → They | | | .

3 너는 병원에 가야 해. (go to the hospital) → You | | | .

4 그녀는 10시까지는 자러 가야 한다.
(go to bed by 10) → She | | | .

5 나 지금 가봐야 해. (go now) → | |

6 너는 그것을 우선 읽어야 해. (read it first) → | |

7 너는 헬멧을 써야 해. (wear a helmet) → | |

8 너는 숙제를 오늘 끝내야 해.
(finish your homework today) → | |

9 그는 일찍 자야 해. (go to bed early) → | |

조동사 should

He **should be** careful.
그는   (~하는) 게 좋을 것이다   조심하는.

[**조동사 should**] should는 '~하는 게 낫다'의 의미로 충고를 나타낼 때 쓴다.

You **should** get up early.	너는 일찍 일어나는 **게 좋겠어.**
She **should** eat vegetables.	그녀는 채소를 먹는 **게 좋겠다.**

Let's Write 서술형

1 너는 문을 잠그는 게 좋겠어. (lock the door) → You [should] lock the door.

2 나는 일찍 자는 게 좋겠다. (go to bed early) → I [ ] [ ] .

3 너는 아침을 먹는 게 좋겠어. (eat breakfast) → You [ ] [ ] .

4 우리는 우산을 가져가는 게 좋겠다. (take an umbrella.) → We [ ] [ ] .

5 나는 코트를 입는 게 좋겠어. (wear a coat) → [ ]

6 너는 채소를 먹는 게 좋아. (eat vegetables) → [ ]

7 너는 아버지에게 물어보는 게 좋겠어. (ask your father) → [ ]

8 우리는 돈을 아껴 쓰는 게 좋아. (save money) → [ ]

9 너는 병원에 가보는 게 좋아. (see a doctor) → [ ]

정답은 p.66

대표문장 ❶

조동사 부정문

You (너는)   **must not** (말아야 한다)   **go there.** (거기에 가지.)

[**조동사의 부정문**] 조동사의 부정문은 조동사 다음에 not을 쓴다.

They **can** speak English.
↓
They **cannot** speak English.

* have to의 부정문은 일반동사와 마찬가지로 don't[doesn't] have to로, '~할 필요가 없다'는 의미로 쓴다.
   She **doesn't have to** go to school. (그녀는 학교에 갈 **필요가 없다.**)

Let's Write 서술형

1 난 자전거를 탈 줄 모른다. (ride a bike)
→ I | cannot | ride a bike | .

2 우린 매일 만날 수 없어요. (meet every day)
→ We [   ] [   ] .

3 병원에서는 시끄럽게 하면 안 됩니다.
(be noisy, must)
→ You [   ] [   ] in the hospital.

4 너는 나에게 말해 줄 필요는 없어. (tell me)
→ You [   ] [   ] .

5 펭귄은 날 수 없어. (penguins, fly)
→ [   ]

6 나는 정답을 볼 필요가 없어.
(look at the answer)
→ [   ]

7 그들은 오늘 당신을 도와줄 수 없어요.
(help you today)
→ [   ]

8 넌 이 시계를 가지고 있으면 안 돼.
(have this watch, must)
→ [   ]

9 너는 너무 많이 먹지 않는 게 좋아.
(eat too much, should)
→ [   ]

대표문장 ❷

조동사 may

May | **I use** | **your phone?**

(해도) 되나요 | 내가 사용해도 | 당신의 전화기를?

[**조동사 의문문**] 의문문은 조동사와 주어의 위치를 바꾸고 마지막에 물음표(?)를 쓴다.

They **can** speak English.

↓

Can they speak English?

조동사의 의문문에 대한 답은 다음과 같이 한다.
Yes, 주어＋조동사.
No, 주어＋조동사＋not.

Let's Write 서술형

1 나를 거기에 데려다줄 수 있어?
(can, take me there)

→ Can | you | take me there | ?

2 당신의 노트북을 써도 될까요?
(may, use your laptop)

→ ☐ | I | ☐ | ?

3 그는 숙제를 해야 하니?
(have to, do his homework)

→ ☐ | he | ☐ | ☐ | ?

4 너는 6시까지 거기 가야 하니?
(should, get there by 6)

→ ☐ | you | ☐ | ?

5 그녀가 우리와 함께 와도 되나요?
(can, come with us)

→ ☐

6 내가 그 책을 사야 해?
(have to, buy the book)

→ ☐

7 당신은 내일 저를 만날 수 있나요?
(can, meet me)

→ ☐

8 이 우산 좀 빌릴 수 있을까요?
(may, borrow this umbrella)

→ ☐

9 채소를 꼭 먹어야 해요?
(should, eat vegetables)

→ ☐

대표문장 ❶

| 의문사 Who | do you | like? |
| 누구를 | 너는 | 좋아하니? |

[의문사 who] 의문사는 '누가, 무엇을, 어디서, 어떻게, 언제'를 물을 때 쓰는 것으로 사람을 묻고 있을 때는 who를 쓴다.

| Who is the girl? | 그 소녀는 **누구**지? |
| **Who** do you like? | 너는 **누구를** 좋아하니? |

Let's Write 서술형

1 그는 누구인가? (is) → [Who] [is] he?

2 누가 너의 엄마니? (your mother) → [ ] is [ ] ?

3 너는 누구를 만나니? (meet) → [ ] do you [ ] ?

4 그 돈은 누구를 위한 것이니? (the money) → [ ] is [ ] for?

5 그는 누구를 돕니? (help) → [ ]

6 누가 그의 아빠니? (his father) → [ ]

7 너는 누구 그립니? (miss) → [ ]

8 네가 가장 좋아하는 가수는 누구니? (your favorite singer) → [ ]

9 그녀는 누구를 기다리니? (wait for) → [ ]

38

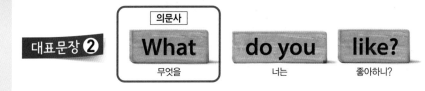

대표문장 ❷

| 의문사 |
| **What** |
| 무엇을 |

do you 너는

like? 좋아하니?

[**의문사 what**] 무엇을 물을 때 의문사 what을 쓴다.

| **What** is this? | 이것은 **무엇**이니? |
| **What** do you like? | 너는 **무엇을** 좋아하니? |

Let's Write 서술형

1 그것은 무엇인가? (is) → | What | | is | it?

2 그의 이름이 무엇인가? (his name) → | | is | | ?

3 너는 무엇을 읽니? (read) → | | **do you** | | ?

4 그의 직업은 무엇인가? (his job) → | | is | | ?

5 너는 무엇을 공부하니? (study) → | |

6 그녀는 무엇을 원하니? (want) → | |

7 그들은 무엇을 알고 있니? (know) → | |

8 네가 가장 좋아하는 음식은 뭐니?
(your favorite food) → | |

9 그는 무엇을 가지고 있니? (have) → | |

정답은 p.67

39

대표문장 **1**

의문사		
When	**is**	**your birthday?**
언제	이니	네 생일이?

[**의문사 when, where**] 의문사는 '언제, 어디서, 어떻게, 왜'를 물을 때 쓰는 것으로 때나 장소는 when, where을 쓴다.

When is Christmas?	**언제**가 크리스마스이지?
Where are you?	너는 **어디에** 있니?

Let's Write 서술형

1 그는 어디에 있니? (is)

→ | Where | | is | he?

2 그것은 언제 시작하니? (start)

→ | | does it | | ?

3 너는 어디에 가니? (go)

→ | | do you | | ?

4 너는 언제 학교에 가니? (go to school)

→ | | do you | | ?

5 그들은 어디에 사니? (live)

→ | |

6 너는 저녁을 언제 먹니? (have dinner)

→ | |

7 너는 어디서 수영하니? (swim)

→ | |

8 가게는 언제 문을 열지? (open)

→ | |

9 그녀는 어디서 컴퓨터 게임을 하니? (play computer games)

→ | |

의문사

Why **are you** **sad?**

왜   너는 ~(이)니   슬픈?

[**의문사 how, why**] 상태, 방법은 how를, 이유를 묻는 의문사는 why를 쓴다.

How is the pie?	그 파이는 어때?
Why are you sad?	너는 왜 슬퍼하니?

Let's Write 서술형

1 그 집은 어때? (is)   → | How | | is | the house?

2 너는 왜 여기 있니? (are, here)   → | | | you | | ?

3 너는 어떻게 거기에 가니? (get there)   → | | do you | | ?

4 너는 피아노를 왜 치니? (play the piano)   → | | do you | | ?

5 너는 왜 늦니? (are late)   →

6 너는 왜 그를 미워하니? (hate him)   →

7 오늘 날씨가 어때? (the weather)   →

8 너는 왜 여름을 좋아하니? (like summer)   →

9 너는 어떻게 학교에 가니? (go to school)   →

정답은 p.67

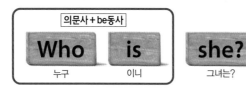

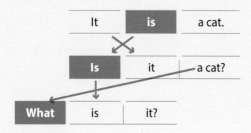

[의문사+be동사] be동사가 있는 의문사 의문문은 〈의문사+be동사+주어 ~?〉로 쓴다.

It	**is**	a cat.
Is	it	a cat?
What	is	it?

Let's Write 서술형

1 네 부모님은 어떻게 지내시니? (your parents) → | How | are | your parents | doing?

2 네 생일은 언제니? (your birthday) → [   ] is [   ] ?

3 너는 어디 출신이니? (from) → [   ] are [   ] ?

4 그 소년들은 누구니? (the boys) → [   ] are [   ] ?

5 네가 가장 좋아하는 영화는 무엇이니?
(your favorite movie) → [   ]

6 서점은 어디에 있니? (the bookstore) → [   ]

7 가장 친한 친구는 누구니? (your best friend) → [   ]

8 그는 누구니? (he) → [   ]

9 왜 그는 화가 났니? (angry) → [   ]

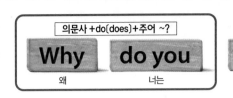

[의문사+do/does+주어+동사 ~?] 일반동사가 있는 의문사 의문문은 〈의문사+do[does]+주어+동사 ~?〉로 쓴다.

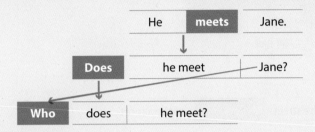

Let's Write 서술형

1 너는 어디서 자니? (sleep) → [Where] **do you** [sleep] **?**

2 너는 언제 돌아오니? (come back) → [　　] **do you** [　　] **?**

3 그는 어디에 여행하니? (travel) → [　　] **does he** [　　] **?**

4 너는 왜 고양이를 좋아하니? (like cats) → [　　] **do you** [　　] **?**

5 은행에 어떻게 가야 하나요? (get to the bank) → [　　　　　　]

6 그는 상점에서 무엇을 하니? (do at the store) → [　　　　　　]

7 너는 무엇을 원하니? (want) → [　　　　　　]

8 한강은 어디서 시작되니? (the Han River start) → [　　　　　　]

9 너는 동물원에서 무엇을 보니? (see at the zoo) → [　　　　　　]

대표문장 ❶

John	lives	장소 전치사 in London.
John은	산다	런던에.

[장소의 크기] 장소 전치사는 '~ 안에, 위에, 사이에, 아래' 등을 말할 때 쓰는 말이다.

전치사	in	~ 안에
전치사구	in the library	도서관 안에

장소의 크기에 따라 전치사 사용이 다르다.

in: 나라, 도시	in Seoul	on: 거리	on the street	at: 공항, 식당	at the airport

Let's Write 서술형

1 나는 서울에 산다. (live, Seoul) → I live in Seoul .

2 그는 공항에서 일한다. (work, the airport) → He ☐ ☐ .

3 나는 내 방에 있다. (be, my room) → I ☐ ☐ .

4 그는 집에 있다. (be, home) → He ☐ ☐ .

5 그는 도서관에서 공부한다. (study, the library) → ☐

6 그는 버스 정류장에 있다. (be, the bus stop) → ☐

7 그는 길거리에 있다. (be, the street) → ☐

8 그는 해변가에 산다. (live, the beach) → ☐

9 차는 현관에 있다. (the car, the door) → ☐

44

대표문장 ❷

The ball **is** **in the box.**

그 공은   있다   상자 안에.

[장소의 위치] 장소의 위치에 따라 전치사 사용을 달리한다.

at	+ 좁은 장소 (~에)	at the bus stop
on	+ 표면에 접촉한 상태 (~(위)에)	on the wall, on the second floor
in	+ 공간 안에 있는 경우 (~(안)에)	in the basket, in cold water

* behind (~ 뒤에) ↔ in front of (~ 앞에)

Let's Write 서술형

1 그것은 물 속에 산다. (live, water)

→ It   lives   in water .

2 바닥에 컵이 있다. (be, the floor)

→ There [ ] a cup [ ] .

3 그것은 상자 안에 있다. (be, the box)

→ It [ ] [ ] .

4 그것은 집 앞에 있다. (be, the house)

→ It [ ] [ ] .

5 그것은 건물 뒤에 있다. (be, the building)

→ [ ]

6 그것은 상자 위에 있다. (be, the box)

→ [ ]

7 그것들은 탁자 위에 있다. (be, the table)

→ [ ]

8 그것은 벽면에 있다. (be, the wall)

→ [ ]

9 그것은 우산 아래에 있다. (be, the umbrella)

→ [ ]

정답은 p.68

대표문장 ❶

She | gets up | at 7.
그녀는 | 일어난다 | 7시에.

시간 전치사

[시간 전치사 1] 시간 전치사는 '10월에, 토요일에' 등 구체적인 시간을 말할 때 쓰는 말이다.

계절, 달, 연도: in	Christmas **is in winter**.	크리스마스는 **겨울**에 있다.
요일, 날짜: on	Christmas **is on Friday** this year.	이번 해 크리스마스는 **금요일**이다.
시간: at	The Christmas party **is at five**.	크리스마스 파티는 **5시**이다.

Let's Write 서술형

1 게임은 2시에 시작한다. (start, 2 o'clock) → The game | starts | at 2 o'clock .

2 그녀는 저녁에 공부한다. (study, the evening) → She ☐ ☐ .

3 Susan은 9월에 제주에 간다.
(go to Jeju, September) → Susan ☐ ☐ .

4 나는 일요일에 교회에 간다.
(go to church, Sunday) → I ☐ ☐ .

5 그는 8시에 일어난다. (get up, eight o'clock) → ☐

6 그것은 내 생일날에 작동된다.
(work, my birthday) → ☐

7 그는 점심에 건강한 식사를 한다.
(eat a healthy meal, lunch time) → ☐

8 그것은 금요일 아침에 도착한다.
(arrive, Friday morning) → ☐

9 겨울에 눈이 많이 온다.
(have much snow, winter) → ☐

대표문장 ❷ **The school** **starts** **in March.**
학교는 시작한다 3월에.

[**시간 전치사 2**] 시간을 말하는 방법 : 시간 전치사

before(~ 전에) ↔ after(~ 후에)	We play soccer **after lunch**. (점심 후에)
until(~까지) / by(~까지는)	You must come home **by** 9 o'clock. (9시(되기 전)까지는)
for+숫자(~동안) / during+기간(~동안)	We always travel **during the summer**. (여름 동안)

Let's Write 서술형

1 나는 여름에 캠핑을 간다.
(go camping, the summer)
→ I [go camping] [in the summer] .

2 그것은 3월에 시작된다. (begin, March)
→ It [   ] [   ] .

3 그것은 3월 2일에 끝난다. (end, March 2nd)
→ It [   ] [   ] .

4 나는 주말에 쇼핑을 간다.
(go shopping, weekends)
→ I [   ] [   ] .

5 나는 12시에 산책한다. (take a walk, noon)
→ [   ]

6 봄 이전에는 눈이 많이 온다.
(snow a lot, spring)
→ [   ]

7 우리는 크리스마스 이브에 외출한다.
(go out, Christmas Eve)
→ [   ]

8 그는 2일 동안 기다릴 수 있다. (can wait, 2 days)
→ [   ]

9 우리는 7시까지 공부한다. (study, 7 p.m.)
→ [   ]

정답은 **p.68**

대표문장 ❶

She	leaves	방향 전치사 for New York.
그녀는	떠난다	뉴욕을 향해.

[방향 전치사 1] 방향 전치사는 '방 밖으로, 방 안으로' 등 사물이나 사람이 향하는 방향을 말할 때 쓰는 말이다.

to	～쪽으로	from	～로부터	for	～로 향해
to the school	학교 쪽으로	from the sky	하늘로부터	for Chicago	시카고 행의

* from A to B(A에서 B까지) ⇒ from Seoul to Busan (서울에서 부산까지)

Let's Write 서술형

1 나는 남쪽으로 가야 한다. (go, the south, must) → I [must go] [to the south] .

2 눈이 하늘에서 떨어진다. (fall, the sky) → Snow [   ] [   ] .

3 우리는 학교를 향해 출발한다. (leave, school) → We [   ] [   ] .

4 런던에서 파리로 가는 기차가 있다.
(a train, London) → There is [   ] [   ] to Paris.

5 그 버스는 부산행이다. (be, Busan) → The bus [   ] .

6 그는 풀장 속으로 다이빙하지 않는 게 좋겠다.
(dive, the pool, should not) → [   ]

7 너는 왼쪽으로 돌아야겠다.
(turn, the left, should) → [   ]

8 그는 그의 직장으로 차를 운전해 간다.
(drive, his work) → [   ]

9 서울로 가는 기차가 있다. (a train, Seoul) → [   ]

대표문장 ❷ **The river** **flows** **through Seoul.**

그 강은 흐른다 서울을 통과해서.

[**방향 전치사 2**] 방향을 말하는 전치사들은 다음과 같다.

into	밖에서 안으로	out of	안에서 밖으로
across	～을 가로질러(건너편에)	through	～을 통과해서
along	～을 따라	around	주변을 돌아서

Let's Write 서술형

1 우리는 마을을 통과해서 간다. (go, the village) → We | go | through the village | .

2 너는 방으로 뛰어들어 가지 않는 게 좋겠다.
(run, the room, shouldn't) → You | | | .

3 이 근처에 병원이 있다. (a hospital, here) → There is | | | .

4 우리는 방 밖에 있다. (be, the room) → We | | | .

5 사람들이 해변을 따라 조깅하러 간다.
(go jogging, the beach) → | |

6 나무들이 길을 따라 있다. (there are, the road) → | |

7 지구는 태양 주위를 돈다.
(the Earth moves, the sun) → | |

8 그는 강 건너편에 산다. (live, the river) → | |

9 나는 강을 가로질러 수영할 수 있다.
(can swim, the river) → | |

정답은 p.69

초등 영문법, 쓸 수 있어야 진짜 문법이다!

문법이 쓰기다

Part별 단어테스트

Word Test 문제지

영어로 써보고 뜻을 고르며 단어 복습하기

| 이름 : | 학년 : | 날짜 : | 정답은 | 맞힌 개수: | / 20 |

번호	어휘	영어로 쓰고	또 쓰고	뜻 확인	
1	genius			✔ 천재	☐ 학생
2	classmate			☐ 반 친구	☐ 수업
3	pilot			☐ 비행기	☐ 조종사
4	frog			☐ 파리	☐ 개구리
5	clock			☐ 시간	☐ 시계
6	cousin			☐ 형제	☐ 사촌
7	soccer team			☐ 축구팀	☐ 야구팀
8	at school			☐ 박물관에	☐ 학교에
9	cook			☐ 요리사	☐ 음식
10	airport			☐ 학생사	☐ 공항
11	park			☐ 공원	☐ 근처
12	kitchen			☐ 부엌	☐ 침실
13	classroom			☐ 수업	☐ 교실
14	swimmer			☐ 수영	☐ 수영선수
15	farmer			☐ 농부	☐ 농장
16	artist			☐ 예술가	☐ 음악가
17	living room			☐ 부엌	☐ 거실
18	playground			☐ 농구장	☐ 운동장
19	singer			☐ 가수	☐ 연주자
20	library			☐ 미술관	☐ 도서관

정답은 p.59

번호	어휘	영어로 쓰고	또 쓰고	뜻 확인	
1	**watch**			☐ 보다	☐ 하다
2	**drink**			☐ 먹다	☐ 마시다
3	**wash**			☐ 정리하다	☐ 씻다
4	**study**			☐ 공부하다	☐ 가르치다
5	**buy**			☐ 인사하다	☐ 사다
6	**learn**			☐ 배우다	☐ 뛰다
7	**do homework**			☐ 숙제를 하다	☐ 숙제가 있다
8	**jump rope**			☐ 점프하다	☐ 줄넘기 하다
9	**fly**			☐ 날다	☐ 기다
10	**sleep late**			☐ 일찍 자다	☐ 늦게 자다
11	**zoo**			☐ 동물원	☐ 동물들
12	**need**			☐ 필요하다	☐ 필요하지 않다
13	**play soccer**			☐ 축구하다	☐ 야구하다
14	**go to the park**			☐ 학교에 가다	☐ 공원에 가다
15	**tired**			☐ 피곤한	☐ 슬픈
16	**cry at night**			☐ 낮에 울다	☐ 밤에 울다
17	**library**			☐ 도서관	☐ 교실
18	**hungry**			☐ 피곤한	☐ 배고픈
19	**read a map**			☐ 책을 읽다	☐ 지도를 읽다
20	**walk to school**			☐ 학교에 걸어가다	☐ 학교에 뛰어 가다

정답은 p.59

| 이름 : | 학년 : | 날짜 : | 정답은 | 맞힌 개수 : | / 20 |

번호	어휘	영어로 쓰고	또 쓰고	뜻 확인	
1	foot			□ 발	□ 다리
2	tooth			□ 치아	□ 입술
3	goose			□ 비둘기	□ 거위
4	deer			□ 사슴	□ 토끼
5	child			□ 아이	□ 아이들
6	mouse			□ 입	□ 쥐
7	bread			□ 빵	□ 밀가루
8	cheese			□ 우유	□ 치즈
9	air			□ 공기	□ 고체
10	hope			□ 희망	□ 평화
11	stone			□ 돌	□ 물
12	money			□ 공기	□ 돈
13	star			□ 별	□ 달
14	window			□ 유리	□ 창
15	garden			□ 정원	□ 정문
16	in the sky			□ 하늘에	□ 하늘 아래에
17	in the cup			□ 컵	□ 컵에
18	wallet			□ 지갑	□ 큰 가방
19	on the desk			□ 책상 위에	□ 의자 위에
20	in the glass			□ 유리잔에	□ 유리잔 옆에

정답은 p.59

| 이름 : | 학년 : | 날짜 : | 맞힌 개수 : | / 20 |

번호	어휘	영어로 쓰고	또 쓰고	뜻 확인	
1	best friend			☐ 반 친구	☐ 친한 친구
2	tail			☐ 꼬리	☐ 몸통
3	sister			☐ 여자 형제	☐ 남자 형제
4	pretty			☐ 예쁜	☐ 작은
5	bag			☐ 가방	☐ 선풍기
6	in the 5th grade			☐ 다섯 번째에	☐ 5학년에
7	dark			☐ 어두운	☐ 밝은
8	photo			☐ 그림	☐ 사진
9	comic book			☐ 소설책	☐ 만화책
10	January			☐ 1월	☐ 2월
11	August			☐ 7월	☐ 8월
12	outside			☐ 바깥에	☐ 안쪽에
13	weather			☐ 날짜	☐ 날씨
14	date			☐ 날짜	☐ 날씨
15	snowy			☐ 비 오는	☐ 눈 오는
16	windy			☐ 바람 부는	☐ 흐린
17	cloudy			☐ 바람 부는	☐ 흐린
18	get there			☐ 거기에 도착하다	☐ 거기를 얻다
19	what day is it			☐ 날씨가 어떠니	☐ 무슨 요일이니
20	how long does it take			☐ 얼마나 걸리니	☐ 얼마나 내야 하니

정답은 p.59

54

| 이름: | 학년: | 날짜: | 정답은 | 맞힌 개수: | / 20 |

번호	어휘	영어로 쓰고	또 쓰고	뜻 확인	
1	kind			☐ 친절한	☐ 불쾌한
2	wild			☐ 야생의	☐ 자연의
3	smart			☐ 둔한	☐ 똑똑한
4	basket			☐ 바구니	☐ 골대
5	bottle			☐ 음료수	☐ 병
6	pocket			☐ 주머니	☐ 용돈
7	hard			☐ 열심히	☐ 자주
8	easily			☐ 쉽게	☐ 쉬운
9	slowly			☐ 느리게	☐ 느린
10	early			☐ 일찍	☐ 늦게
11	carefully			☐ 조심스럽게	☐ 조심스러운
12	never			☐ 결코 ~하지 않은	☐ 매일 ~하지 않은
13	how old			☐ 얼마나 나이가든	☐ 얼마나 키가 큰
14	how tall			☐ 얼마나 키가 큰지	☐ 얼마나 자주
15	how many			☐ 얼마나 먼지	☐ 얼마나 많은 지
16	how often			☐ 얼마나 자주	☐ 얼마인지
17	how big			☐ 얼마나 큰지	☐ 얼마나 먼지
18	how long			☐ 얼마나 많은 지	☐ 얼마나 오래
19	little sugar			☐ 많은 설탕	☐ 설탕이 거의 없는
20	long hair			☐ 짧은 머리	☐ 긴 머리

정답은 **p.59**

이름:	학년:	날짜:	맞힌 개수:	/ 20

번호	어휘	영어로 쓰고	또 쓰고	뜻 확인	
1	be tired			☐ 피곤한	☐ 피곤하다
2	run fast			☐ 느리게 달리다	☐ 빨리 달리다
3	join the club			☐ 동아리를 만들다	☐ 동아리에 들다
4	be here			☐ 여기에 가다	☐ 여기에 있다
5	play the piano			☐ 피아노를 연주하다	☐ 바이올린을 연주하다
6	close the door			☐ 문을 닫다	☐ 창문을 닫다
7	a red light			☐ 빨간불	☐ 가로등
8	get up			☐ 일어나다	☐ 나가다
9	vegetable			☐ 과일	☐ 야채
10	stay home			☐ 집에 머무르다	☐ 집에 가다
11	be quiet			☐ 조용하다	☐ 조용한
12	see a doctor			☐ 병원에 가다	☐ 의사가 되다
13	hurry up			☐ 서두르다	☐ 침착하다
14	take a bus			☐ 버스를 잡다	☐ 버스를 타다
15	drive a car			☐ 운전하다	☐ 차를 타다
16	take a photo			☐ 그림을 그리다	☐ 사진을 찍다
17	wait for him			☐ 그를 기다리다	☐ 그가 기다리다
18	water			☐ 물을 주다	☐ 먹이를 주다
19	go outside			☐ 밖에 나가다	☐ 안으로 들어오다
20	wear a hat			☐ 모자를 쓰다	☐ 모자를 벗다

정답은 p.59

번호	어휘	영어로 쓰고	또 쓰고	뜻 확인	
1	job			□ 직업	□ 숙제
2	plane			□ 조종사	□ 비행기
3	favorite			□ 가장 좋아하는	□ 좋아하는
4	help			□ 돕다	□ 원하다
5	miss			□ 만나다	□ 그리워하다
6	know			□ 알다	□ 모르다
7	start			□ 시작하다	□ 끝나다
8	by bus			□ 버스로	□ 버스 다음
9	weather			□ 날씨	□ 계절
10	have dinner			□ 저녁을 먹다	□ 저녁을 준비하다
11	class			□ 교실	□ 수업
12	under			□ 아래에	□ 위에
13	come back			□ 돌아오다	□ 돌아가다
14	favorite			□ 가장 좋아하는	□ 좋아하는
15	parents			□ 조부모	□ 부모
16	bookstore			□ 서점	□ 가게
17	birthday			□ 명절	□ 생일
18	best friend			□ 가장 친한 친구	□ 형제
19	phone number			□ 전화기	□ 전화번호
20	summer			□ 겨울	□ 여름

정답은 p.59

| 이름 : | 학년 : | 날짜 : | 맞힌 개수 : | / 20 |

번호	어휘	영어로 쓰고	또 쓰고	뜻 확인	
1	behind			☐ 앞에	☐ 뒤에
2	in front of			☐ 앞에	☐ 뒤에
3	next to			☐ 옆에	☐ 위에
4	chair			☐ 의자	☐ 탁자
5	bank			☐ 은행	☐ 시계
6	ceiling			☐ 벽	☐ 천장
7	at noon			☐ 한밤중에	☐ 정오에
8	vacation			☐ 방학	☐ 학기
9	midnight			☐ 자정	☐ 정오
10	go shopping			☐ 쇼핑을 하러 가다	☐ 장을 보러 가다
11	until tomorrow			☐ 내일까지	☐ 내일에
12	for three days			☐ 3일 안에	☐ 3일 동안
13	from London to Paris			☐ 런던과 파리 사이	☐ 런던에서 파리까지
14	along the beach			☐ 해변가 근처에	☐ 해변가를 따라
15	drive to Busan			☐ 부산으로 운전하다	☐ 부산에서 운전하다
16	fall from the sky			☐ 하늘로 떨어지다	☐ 하늘에서 떨어지다
17	leave for school			☐ 학교로 출발하다	☐ 학교에서 출발하다
18	through the village			☐ 마을 옆에	☐ 마을을 통과하여
19	before lunch			☐ 점심 식사 전에	☐ 점심 식사 후에
20	train for Busan			☐ 부산행 열차	☐ 부산에서 출발하는 열차

정답은 p.59

단어 테스트 정답

Part 01 be동사

1 천재   2 반 친구   3 조종사   4 개구리   5 시계   6 사촌   7 축구팀
8 학교에   9 요리사   10 공항   11 공원   12 부엌   13 교실   14 수영선수
15 농부   16 예술가   17 거실   18 운동장   19 가수   20 도서관

Part 02 일반동사

1 보다   2 마시다   3 씻다   4 공부하다   5 사다   6 배우다   7 숙제를 하다
8 줄넘기 하다   9 날다   10 늦게 자다   11 동물원   12 필요하다   13 축구하다   14 공원에 가다
15 피곤한   16 밤에 울다   17 도서관   18 배고픈   19 지도를 읽다   20 학교에 걸어가다

Part 03 명사

1 발   2 치아   3 거위   4 사슴   5 아이   6 쥐   7 빵
8 치즈   9 공기   10 희망   11 돌   12 돈   13 별   14 창
15 정원   16 하늘에   17 컵에   18 지갑   19 책상 위에   20 유리잔에

Part 04 대명사

1 친한 친구   2 꼬리   3 여자 형제   4 예쁜   5 가방   6 5학년에   7 어두운
8 사진   9 만화책   10 1월   11 8월   12 바깥에   13 날씨   14 날짜
15 눈 오는   16 바람 부는   17 흐린   18 거기에 도착하다   19 무슨 요일이니   20 얼마나 걸리니

Part 05 형용사, 부사

1 친절한   2 야생의   3 똑똑한   4 바구니   5 병   6 주머니   7 열심히
8 쉽게   9 느리게   10 일찍   11 조심스럽게   12 결코 ~하지 않은   13 얼마나 나이가 든   14 얼마나 키가 큰 지
15 얼마나 많은 지   16 얼마나 자주   17 얼마나 큰 지   18 얼마나 오래   19 설탕이 거의 없는   20 긴 머리

Part 06 조동사

1 피곤하다   2 빨리 달리다   3 동아리에 들다   4 여기에 있다   5 피아노를 연주하다   6 문을 닫다   7 빨간불
8 일어나다   9 야채   10 집에 머무르다   11 조용하다   12 병원에 가다   13 서두르다   14 버스를 타다
15 운전하다   16 사진을 찍다   17 그를 기다리다   18 물을 주다   19 밖에 나가다   20 모자를 쓰다

Part 07 의문사

1 직업   2 비행기   3 가장 좋아하는   4 돕다   5 그리워하다   6 알다   7 시작하다
8 버스로   9 날씨   10 저녁을 먹다   11 교실   12 아래에   13 돌아오다   14 가장 좋아하는
15 부모   16 서점   17 생일   18 가장 친한 친구   19 전화번호   20 여름

Part 08 전치사

1 뒤에   2 앞에   3 옆에   4 의자   5 은행   6 천장   7 정오에   8 방학   9 자정   10 쇼핑을 하러 가다   11 내일까지
12 3일 동안   13 런던에서 파리까지   14 해변가를 따라   15 부산으로 운전하다   16 하늘에서 떨어지다   17 학교로 출발하다
18 마을을 통과하여   19 점심 식사 전에   20 부산행 열차

초등 영문법, 쓸 수 있어야 진짜 문법이다!

문법이 쓰기다

WorkBook 정답지

이거는 워크북 정답지예요~

Part 01 be동사

p.2

UNIT 01 be동사 변화공식

대표문장 1

1. She is a teacher.
2. They are fire fighters.
3. It is his dog.
4. You are a genius.
5. It is a frog.
6. She is a soccer player.
7. We are classmates.
8. He is my brother.
9. They are his cousins.

대표문장 2 p.3

1. She's in the room.
2. They're in the kitchen.
3. It's on the table.
4. It's under the tree.
5. We're at school.
6. She's at home.
7. He's in Seoul.
8. They're at the park.
9. I'm on an airplane.

UNIT 02 be동사의 2가지 문장공식

대표문장 1 p.4

1. She is a chef.
2. He is 11 years old.
3. We are friends.

4. I am a painter.
5. They are nurses.
6. He is an actor.
7. We are students.
8. She is my sister.
9. They are great writers.

대표문장 2 p.5

1. She is at school
2. We are on the soccer team.
3. It's in the museum.
4. It's on the wall.
5. We're in the classroom.
6. She's in London.
7. He's in a car.
8. They're at the bus stop.
9. They're on the table.

UNIT 03 be동사의 부정문, 의문문 공식

대표문장 1 p.6

1. She is not a teacher.
2. They are not singers.
3. It is not his dog.
4. I am not a baby.
5. You are not a farmer.
6. She is not in London.
7. We are not in the classroom.
8. He is not at the park.
9. They are not under the tree.

대표문장 2 p.7

1 Is she in the room?

2 Are they in the living room?

3 Is he in Busan?

4 Is it under the tree?

5 Are you at school?

6 Are they roses?

7 Is she a singer?

8 Are you 11 years old?

9 Is it an egg?

Part 02 일반동사

UNIT 01 일반동사 변화공식

대표문장 1 p.8

1 He likes toys.

2 They eat salad.

3 Susan drinks juice.

4 She sleeps well.

5 He reads comic books.

6 It runs fast.

7 We learn English.

8 He lives in Seoul.

9 I play computer games.

대표문장 2 p.9

1 He cries all day.

2 He has dinner.

3 I watch TV.

4 She studies every day.

5 He goes to church.

6 Suji does the dishes.

7 We clean our classroom.

8 It flies in the sky.

9 You have homework.

UNIT 02 일반동사의 부정문, 의문문 공식

대표문장 1 p.10

1 He does not watch TV.

2 They don't play tennis.

3 She doesn't have tea.

4 She doesn't sleep well.

5 He doesn't have a class.

6 They don't need a map.

7 We don't have homework.

8 He doesn't live in Seoul.

9 I don't play computer games.

대표문장 2 p.11

1 Does he cry all day?

2 Do they study at night?

3 Do you jump rope?

4 Does she go to the library?

5 Does he clean his room?

6 Does Suji like chocolate?

7 Do you walk to school?

8 Does it fly in the sky?

9 Does Nick have homework?

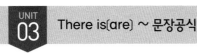

UNIT 03 There is(are) ~ 문장공식

대표문장 1 p.18

1. There is a book on the table.
2. There is a dish in the basket.
3. There are fish under the sea.
4. There is a notebook in my bag.
5. There are windows in the room.
6. There are pigs on the farm.
7. There is a sofa behind you.
8. There are apples on the tree.
9. There are many students in the class.

대표문장 2 p.19

1. There is not much water in the cup.
2. There is not a pet in the store.
3. There are not many candies now.
4. There is not a leaf on the tree.
5. There is not a child in the classroom.
6. Are there chickens on the farm?
7. Is there a chair behind you?
8. Are there any cookies?
9. Are there ants in the room?

Part 04 대명사

UNIT 01 인칭대명사 변화공식

대표문장 1 p.20

1. He is her friend.
2. They are my pencils.
3. Her eyes are brown.
4. Its tail is long.
5. He is her dad.
6. It is your bag.
7. Her cat is behind the table.
8. She is our teacher.
9. Their hair is black.

대표문장 2 p.21

1. She is pretty.
2. I like him.
3. We cook well.
4. I need it.
5. I feed them.
6. She is 11 years old.
7. She is a model.
8. She likes it.
9. Its hair is white.

UNIT 02 비인칭주어 it, 지시대명사 this, that 공식

대표문장 1 p.22

1. It is dark.
2. It is 11 o'clock.
3. It is sunny today.
4. It is August 7th today.
5. It is 7:30 now.
6. It is bright here.
7. It is very cold in New York.
8. It is July 22nd today.
9. It is Monday today.

대표문장 2 p.23

1. This is a pencil.
2. Those are my friends.
3. These are my glasses.
4. This is our uncle.
5. Those are his books.
6. These are my parents.
7. These are birthday presents.
8. Those are story books.
9. These are tickets for the concert.

UNIT 03   It is ~ 문장공식

대표문장 1   p.24

1. What's the date today?
2. What time is it now?
3. What day is it today?
4. It is Tuesday today.
5. It is July 2nd tomorrow.
6. It is May 3rd today.
7. It is March 5th, 2016 today.
8. It is 8 o'clock now.
9. It is ten minutes to 5.

대표문장 2   p.25

1. How is the weather?
2. How long does it take to get there?
3. How much does it cost to buy a house?
4. It is rainy.
5. It is cloudy.
6. It is snowy.
7. It is windy.
8. It takes 3 hours to get there.
9. It costs $20,000 to buy a house.

Part 05   형용사, 부사

UNIT 01   형용사 공식

대표문장 1   p.26

1. It is a beautiful day.
2. There are small balls in the box.
3. The big bags are heavy.
4. There are wild animals there.
5. He is a clever boy.
6. Its neck is short.
7. She has long hair.
8. She is a great pianist.
9. The smart boy is my brother.

대표문장 2   p.27

1. There is a little juice in the glass.
2. There isn't much money in my pocket.
3. There is much noise in the room.
4. There are a few computers in the room.
5. There are many tourists in Seoul.
6. There are many people in the classroom.
7. There are a few trees in the playground.
8. There are a few trees in the yard.
9. There are many stars in the sky.

UNIT 02   부사 공식

대표문장 1   p.28

1. He has breakfast early.
2. I study hard every day.
3. That is really good.
4. He sings very well.
5. We ride a bike fast.
6. We drive very carefully.
7. My brother gets up early.
8. He comes home late.
9. She does very well in school.

대표문장 2   p.29

1. He is never late for school.
2. They usually have lunch together.
3. The baby is always happy.
4. She never plays tennis.
5. I sometimes go to the library.
6. Sumi sometimes tells a lie.
7. They usually use the Internet at night.
8. John always goes to the park.
9. It is sometimes cold in Jeju.

Workbook 정답

UNIT 03 how+형용사/부사~ 문장공식

대표문장 1 p.30

1. How many legs do spiders have?
2. How many computers do you have?
3. How much money do you need?
4. How far is the bank from here?
5. How long does it live?
6. how old is your grandfather?
7. How tall are you?
8. how long do bears live?
9. How big is the whale?

대표문장 2 p.31

1. How often do you go there?
2. I go there once a day.
3. How often do you play tennis?
4. I play tennis twice a week.
5. How often do you visit them?
6. I visit them three times a month.
7. How often does he go to the gym?
8. He goes to the gym four times a year.
9. How often do you exercise?

Part 06 조동사

UNIT 01 조동사 can, may 공식

대표문장 1 p.32

1. I can speak French.
2. He can play the piano.
3. Susan can run fast.
4. He can stay here with me.
5. He can read English books.
6. You can go outside.
7. Can I have some water?
8. He can use computers.
9. She can make cookies.

대표문장 2 p.33

1. It may be true.
2. This may be hers.
3. It may rain tomorrow.
4. You may wear my hat.
5. He may know the answer.
6. May I use your cell phone?
7. We may win the contest.
8. She may come early.
9. You may use this room.

UNIT 02 조동사 must, have to, should 공식

대표문장 1 p.34

1. We must(have to) pay the fee.
2. They must(have to) wear the uniform.
3. You must(have to) go to the hospital.
4. She must(has to) go to bed by 10.
5. I must(have to) go now.
6. You must(have to) read it first.
7. You must(have to) wear a helmet.
8. You must(have to) finish your homework today.
9. He must(has to) go to bed early.

대표문장 2 p.35

1. You should lock the door.
2. I should go to bed early.
3. You should eat breakfast.
4. We should take an umbrella.
5. I should wear a coat.
6. You should eat vegetables.
7. You should ask your father.
8. We should save money.
9. You should see a doctor.

UNIT 03 조동사의 부정문, 의문문 공식

대표문장 1   p.36

1. I cannot ride a bike.
2. We cannot meet every day.
3. You must not be noisy in the hospital.
4. You don't have to tell me.
5. Penguins cannot fly.
6. I don't have to look at the answer.
7. They can't help you today.
8. You must not have this watch.
9. You should not eat too much.

대표문장 2   p.37

1. Can you take me there?
2. May I use your laptop?
3. Does he have to do his homework?
4. Should you get there by 6?
5. Can she come with us?
6. Do I have to buy the book?
7. Can you meet me tomorrow?
8. May I borrow this umbrella?
9. Should I eat vegetables?

Part 07 의문사

UNIT 01 의문사 who, what 공식

대표문장 1   p.38

1. Who is he?
2. Who is your mother?
3. Who do you meet?
4. Who is the money for?
5. Who does he help?
6. Who is his father?
7. Who do you miss?
8. Who is your favorite singer?
9. Who does she wait for?

대표문장 2   p.39

1. What is it?
2. What is his name?
3. What do you read?
4. What is his job?
5. What do you study?
6. What does she want?
7. What do they know?
8. What is your favorite food?
9. What does he have?

UNIT 02 의문사 when, where, how, why 공식

대표문장 1   p.40

1. Where is he?
2. When does it start?
3. Where do you go?
4. When do you go to school?
5. Where do they live?
6. When do you have dinner?
7. Where do you swim?
8. When does the store open?
9. Where does she play computer games?

대표문장 2   p.41

1. How is the house?
2. Why are you here?
3. How do you get there?
4. Why do you play the piano?
5. Why are you late?
6. Why do you hate him?
7. How is the weather today?
8. Why do you like summer?
9. How do you go to school?

UNIT 03 의문사 의문문 공식

대표문장 1 p.42

1. How are your parents doing?
2. When is your birthday?
3. Where are you from?
4. Who are the boys?
5. What is your favorite movie?
6. Where is the bookstore?
7. Who is your best friend?
8. Who is he?
9. Why is he angry?

대표문장 2 p.43

1. Where do you sleep?
2. When do you come back?
3. Where does he travel?
4. Why do you like cats?
5. How do I get to the bank?
6. What does he do at the store?
7. What do you want?
8. Where does the Han River start?
9. What do you see at the zoo?

Part 08 전치사

UNIT 01 장소 전치사 공식

대표문장 1 p.44

1. I live in Seoul.
2. He works at the airport.
3. I am in my room.
4. He is at home.
5. He studies in the library.
6. He is at the bus stop.
7. He is on the street.
8. He lives on the beach.
9. The car is at the door.

대표문장 2 p.45

1. It lives in water.
2. There is a cup on the floor.
3. It is in the box.
4. It is in front of the house.
5. It is behind the building.
6. It is on the box.
7. They are on the table.
8. It is on the wall.
9. It is under the umbrella.

UNIT 02 시간 전치사 공식

대표문장 1 p.46

1. The game starts at 2 o'clock.
2. She studies in the evening.
3. Susan goes to Jeju in September.
4. I go to church on Sunday.
5. He gets up at eight o'clock.
6. It works on my birthday.
7. He eats a healthy meal at lunch time.
8. It arrives on Friday morning.
9. We have much snow in winter.

대표문장 2 p.47

1. I go camping in the summer.
2. It begins in March.
3. It ends on March 2nd.
4. I go shopping on weekends.
5. I take a walk at noon.
6. It snows a lot before spring.
7. We go out on Christmas Eve.
8. He can wait for 2 days.
9. We study until 7 p.m.

03 방향 전치사 공식

대표문장 1 p.48

1. I must go to the south.
2. Snow falls from the sky.
3. We leave for school.
4. There is a train from London to Paris.
5. The bus is for Busan.
6. He should not dive into the pool.
7. You should turn to the left.
8. He drives to his work.
9. There is a train for Seoul.

대표문장 2 p.49

1. We go through the village.
2. You shouldn't run into the room.
3. There is a hospital around here.
4. We are out of the room.
5. People go jogging along the beach.
6. There are trees along the road.
7. The Earth moves around the sun.
8. He lives across the river.
9. I can swim across the river.

원어민 따라잡는 상위 5% 영어 습관

미국교과서 읽는 리딩

미국교과서 읽는 리딩 시리즈는 사회·역사·과학·언어·수학·미술·음악 등 다양한 과목이 한 권에 정리되어 있어 미국 교과 과정을 효과적으로 공부할 수 있습니다.

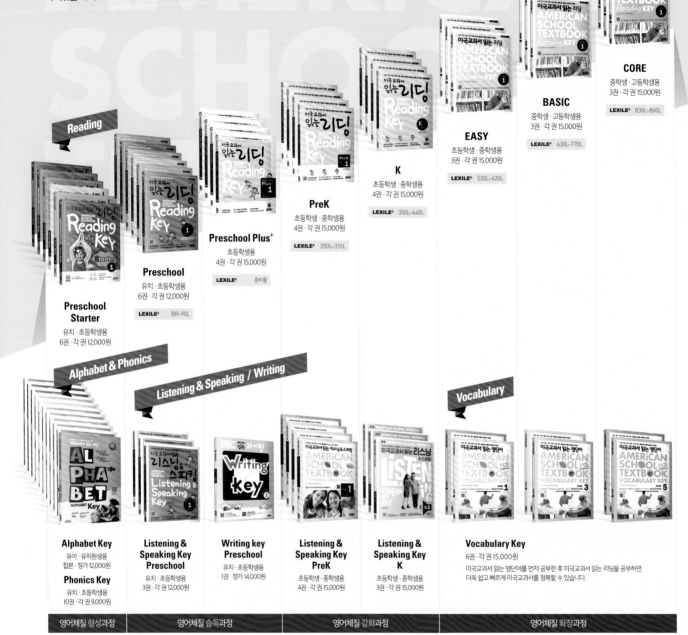

Reading

Preschool Starter
유치 · 초등학생용
6권 · 각 권 12,000원

Preschool
유치 · 초등학생용
6권 · 각 권 12,000원
LEXILE® BR-90L

Preschool Plus⁺
초등학생용
4권 · 각 권 15,000원
LEXILE® 준비중

PreK
초등학생 · 중학생용
4권 · 각 권 15,000원
LEXILE® 200L~310L

K
초등학생 · 중학생용
4권 · 각 권 15,000원
LEXILE® 350L~440L

EASY
초등학생 · 중학생용
3권 · 각 권 15,000원
LEXILE® 530L~620L

BASIC
중학생 · 고등학생용
3권 · 각 권 15,000원
LEXILE® 630L~770L

CORE
중학생 · 고등학생용
3권 · 각 권 15,000원
LEXILE® 830L~860L

Alphabet & Phonics

Listening & Speaking / Writing

Vocabulary

Alphabet Key
유아 · 유치원생용
합본 · 정가 12,000원

Phonics Key
유치 · 초등학생용
10권 · 각 권 9,000원

Listening & Speaking Key Preschool
유치 · 초등학생용
3권 · 각 권 12,000원

Writing key Preschool
유치 · 초등학생용
1권 · 정가 14,000원

Listening & Speaking Key PreK
초등학생 · 중학생용
4권 · 각 권 15,000원

Listening & Speaking Key K
초등학생 · 중학생용
3권 · 각 권 15,000원

Vocabulary Key
6권 · 각 권 15,000원
미국교과서 읽는 영단어를 먼저 공부한 후 미국교과서 읽는 리딩을 공부하면 더욱 쉽고 빠르게 미국교과서를 정복할 수 있습니다.

영어체질 형성과정	영어체질 습득과정	영어체질 강화과정	영어체질 확장과정

<미국교과서 읽는 리딩>시리즈와 함께 공부하면 좋은 <다>시리즈!

초·중등 영어 내신 및 서술형 시험을 효과적으로 대비할 수 있는 '다'시리즈는 <문법이 쓰기다>, <단어가 읽기다>, <구문이 독해다> 등으로 구성되어 있습니다. '다'시리즈만 좇아가면 단어가 저절로 읽히고, 문법이 저절로 써지고, 구문은 독해가 저절로 됩니다. '미국교과서 읽는'시리즈와 함께 '다'시리즈를 공부하면 강화된 배경지식 지문과 더불어 서술형 쓰기, 수행평가 등 내신을 완벽하게 대비할 수 있습니다. 초·중등 핵심 지식을 최적의 학습법(교수법) 속에 녹여낸 '다'시리즈, '미국교과서 읽는시리즈를 지금 바로 만나보세요!

파닉스가 스타트다	단어가 읽기다		문법이 쓰기다		구문이 독해다		문법이 내신이다
	초등	중·고등	초등	중등	초등	중등	
초등 1~2권	초등 Starter 1~2권 초등 영단어 1~4권	중학 영단어 1~3권 고등 영단어	초등 Starter 1~2권 초등 영문법 1~2권	중학 영문법 1~3권 중학 서술형 1~3권	초등 영어 Starter 초등 영어 1~2권	중학 영어 Starter 중학 영어 1~3권	중학 영문법 1~3권